푸른 미래
바다

미래생각발전소 03 푸른 미래, 바다

초판 1쇄 발행 2010년 9월 3일
초판 15쇄 발행 2024년 2월 5일

글쓴이 임태훈 | **그린이** 영민
펴낸이 김민지 | **펴낸곳** 미래M&B
등록 1993년 1월 8일(제10-772호)
주소 04030 서울시 마포구 동교로 134(서교동 464-41) 미진빌딩 2층
전화 02-562-1800 | **팩스** 02-562-1885
전자우편 mirae@miraemnb.com | **홈페이지** www.miraei.com
블로그 blog.naver.com/miraeibooks | **인스타그램** @mirae_ibooks
ISBN 978-89-8394-618-8 74300 | ISBN 978-89-8394-550-1 (세트)

글 ⓒ 임태훈, 2010 그림 ⓒ 영민, 2010

* 잘못 만들어진 책은 구입처에서 바꾸어 드립니다.
* 이 책은 저작권법에 따라 한국 내에서 보호받는 저작물이므로 무단 전재와 복제를 금합니다.

아이의 미래를 여는 힘, **미래 *i* 아이**는 미래M&B가 만든 유아·아동 도서 브랜드입니다.

지식과 생각의 레벨업
미래생각발전소

푸른 미래 바다

임태훈 글 | 영민 그림

미래i아이

머리말

'지구는 파랗다.'

우주에서 지구를 처음 바라본 우주 비행사가 던진 말이에요.

지구를 둘러싸고 있는 바다가 햇빛을 받아 푸른 보석처럼 빛나는 모습은 정말 아름다워요. 바다는 태양계의 여러 행성 가운데 지구에만 있어요.

바닷가에서 수평선을 바라본 적 있나요? 너른 해변에서 바라보면 바다가 정말 넓다는 것을 알 수 있어요. 바다는 지구 표면의 약 3분의 2를 덮고 있지요. 그 넓은 바다는 어떻게 만들어졌을까요? 바다와 우리의 삶 사이에는 어떤 관계가 있을까요?

우리 몸의 70퍼센트는 물로 되어 있어요. 우리는 물 없이는 단 하루도 살기 힘들어요. 다른 동물이나 식물도 마찬가지고요. 이처럼 우리 몸과 다른 생명체의 몸에 많은 양의 물이 있는 것은 생명이 바다에서 탄생했기 때문이에요. 지구 위의 생물은 모두 바다에서 생겨나 진화했어요. 그 결과 38억 년 전에 생긴 바다의 유산이 여러분 몸에 남아 있지요.

또한 바다는 아주 커다란 보물 창고예요. 바다에는 먹을거리가 가득하고, 석유, 천연가스와 같은 화석 연료, 망간 단괴와 같은 광물도 풍부해요. 또 파도와 조류처럼 미래에 계속 사용할 수 있는 에너지 자

원을 가득 담고 있기도 하고요.

　사람들은 바다에 배를 띄워 다른 나라의 문화와 지혜를 서로 나누었어요. 바다를 통해 지구촌 곳곳이 연결되고 문화를 주고받으며 새로운 세계가 열렸지요. 그 과정에서 바다를 장악하기 위한 크고 작은 싸움도 일어났어요.

　이 책에서는 여러분이 바다에 관해 느끼고 궁금해 하는 것들을 차근차근 살필 거예요. 여러분이 생각지도 못했던 놀라운 일도 알게 될 거고요.

　이 책을 덮고 난 뒤에도 한 가지는 잊지 말아요. 바다의 나이가 하루라면 사람들이 바다에 배를 띄우기 시작한 것은 1초 전도 되지 않는다는 것을. 바다 앞에 겸손해지면 다음 세대도 바다의 온갖 혜택을 누릴 수 있도록 바다 환경을 지켜야 한다는 생각이 저절로 들 거예요.

　이제 바다의 세계로 흥미진진한 여행을 떠나 볼까요?

임태훈

차례

프.롤.로.그 **북극해, 21세기 바다의 거울**
• 얼어붙은 북극해로 바닷길이 열린대요 12 • 북극해가 녹고 있어요 17 • 북극해를 둘러싼 치열한 영토 분쟁 19 • 경제적 이익과 환경 위기 사이의 북극해 22

Chapter 1 **바다가 태어나다**
• 우주에서 바라본 푸른 지구 28 • 태양계에서 지구에만 바다가 있어요 30 • 작은 먼지가 모여 지구가 만들어졌어요 32 • 바다가 탄생했어요 34 • 바닷물은 왜 짤까요? 37

Chapter 2 **바닷속 지도를 그리다**
• 바닷속이 궁금해! 44 • 바닷속에 평원과 골짜기가 있대요 48 • 크고 작은 판으로 이루어진 지구 50 • 바다의 위치와 크기가 변해요 53 • 바다의 강을 찾아라! 56 • 달이 끌어당겨요 59

Chapter 3 **바다에 길이 열리다**
• 미지의 바다 64 • 바닷길의 교통편, 배의 탄생 66 • 거대한 태평양을 누빈 사람들 69 • 지중해의 바닷길은 유럽의 역사 71 • 아랍과 중국, 그리고 신라의 바닷길 73 • 유럽의 개척자들 76 • **생각발전소**: '지리상의 발견'이란 말은 순전히 한쪽 입장! 80 • 새로운 바닷길을 찾아 82 • 남극에 가자! 83 • 바다에서 길을 잃다 84 • 바닷속에도 길을 만들자 88

Chapter 4 바다, 보물을 품고 있다

• 생물 자원의 보고, 바다 94 • 검은 황금, 망간 단괴 96 • 굴뚝이 보물, 열수 광상 100 • 불타는 얼음, 메탄 하이드레이트 103 • 공해가 없는 에너지원, 바다 105

Chapter 5 바다에도 주인이 있다

• 바다의 주인이 되기 위해 112 • 맘대로 꽃게를 잡으면 큰일 나요 115 • 일본이 독도를 다케시마라고 주장하는 이유 118 • 독도가 어떤 섬이길래? 120 • 독도가 우리 땅인 이유 123 • **생각발전소**: 어떻게 대응해야 할까요? 126 • 이어도는 중국 영토이다? 128 • 중국과 일본의 조어도 다툼 130 • 바다일까? 호수일까? 132

Chapter 6 바다의 위기, 그리고 푸른 미래

• 바다의 신음 소리 138 • 푸른 바다가 검은 바다로 142 • 갯벌이 사라지고 있어요 144 • 해수면이 높아지고 있어요 148 • 바다 생태계의 변화 151 • 지구 온난화의 주범 153 • **생각발전소**: 온실 기체를 줄이자는 약속, 기후 변화 협약 156 • 생명력 넘치는 푸른 바다를 위해 158

프.롤.로.그

북극해,
21세기 바다의 거울

지구 온난화로 녹아내리고 있는 북극해.

열강들은 이곳 자원을 차지하려고

벌써 다툼을 시작했다.

얼어붙은 북극해로 바닷길이 열린대요

 새가 일 년을 날아도 다 갈 수 없는 바다,
바다가 너무나도 광활하고 두렵도다!
- 호메로스

기원전 800년 경, 그리스 최고의 작가 호메로스는 바다가 너무나도 광활하고 두렵다고 했어요. 그리고 자신의 작품 『일리아드』와 『오디세이』에 바다를 중요한 배경으로 사용했지요.

호메로스의 말처럼 수평선을 바라보면 바다는 끝이 없는 듯 넓게 펼쳐져 있어요. 그런데도 사람들은 용감하게 미지의 바다를 향해 나아갔고, 차츰 바다에 대해 알아 가면서 지역별로 '태평양, 대서양, 인도양'이라는 이름을 붙였어요. 그리고 북극 쪽 바다에는 '북극해', 남극 쪽 바다에는 '남극해'라는 이름을 지어 주었고요.

바다 이름의 유래

1520년, 포르투갈의 탐험가 마젤란이 세계 일주를 하다가 남아메리카 남쪽 끝에 있는 해협을 지나던 중 심한 폭풍을 만나 36일을 헤맨 끝에 겨우 고요한 바다를 만났다. 마젤란은 이 바다를 평화의 바다란 뜻으로 '마레 파시피쿰'이라 불렀고, 오늘날 태평양(Pacific Ocean)의 유래가 되었다.

대서양이란 말은 그리스 신화에 나오는 거인 아틀라스에서 비롯되었다. 아틀라스가 자신을 도와주지 않자 화가 난 페르세우스가 메두사의 머리를 아틀라스에게 보여 주었고 아틀라스는 돌로 변했다. 이 돌이 바로 아프리카 북서부에 있는 아틀라스 산맥이고 그 앞의 바다를 '아틀라스의 바다' 즉, 대서양(Atlantic Ocean)이라고 부르게 되었다.

인도양은 인도의 앞에 있는 바다라서 인도양(Indian Ocean)이라 부른다.

세계 지도를 펼쳐 보세요. 여러 대륙과 바다가 보이지요? 먼저 태평양 연안의 아시아 대륙에서 우리가 살고 있는 한국을 찾아보세요. 쉽게 찾을 수 있을 거예요. 이번에는 영국을 찾아볼까요? 영국은 대서양 위쪽의 유럽 대륙 옆에 있는 섬나라예요.

두 나라를 찾았으면 우리나라와 영국에 색을 칠한 뒤 두 나라를 오갈 수 있는 바닷길을 그려 보세요. 우리나라에서 출발해 볼까요? 우리나라에서 영국으로 가려면 태평양 남쪽으로 항해한 다음, 서쪽으로 방향을 바꿔 인도양을 지나야만 해요. 그런 후에 아프리카를 돌아 위로 올라가야 하지요.

그런데 이건 너무 돌아가는 길이군요. 좀 더 가까운 길은 없을까요? 아프리카와 중동 지역 사이에는 폭이 좁고 긴 '홍해'라는 바다가 있어요. 그리고 홍해와 가까운 아프리카 대륙과 유럽 대륙 사이에는 '지중해'가 있고요. 1869년, 프랑스는 홍해와 지중해를 연결하는 물길을 만들었어요. 이 물길을 '수에즈 운하'라고 해요. 수에즈 운하를 이용하면 아시아에서 유럽으로 갈 때 아프리카를 빙 돌아갈 필요가 없어요.

우리나라에서 영국으로 가는 또 다른 바닷길은 없을까요? 다시 우리나라와 영국의 위치를 확인하고 길을 찾아보세요. 어렵지 않을 거예요. 우리나라에서 북쪽으로 항해해서 북극해로 들어가 러시아 해안을 따라 서쪽으로 가는 방법이 있지요.

그렇다면 우리나라에서 영국으로 가는 바닷길 중에서 어느 길이 가장 짧을까요? 이 질문에 제대로 대답하려면 지구가 세계 지도처럼 평평하지 않다는 사실을 떠올려야 해요. 지구는 둥근 공 모양이거든

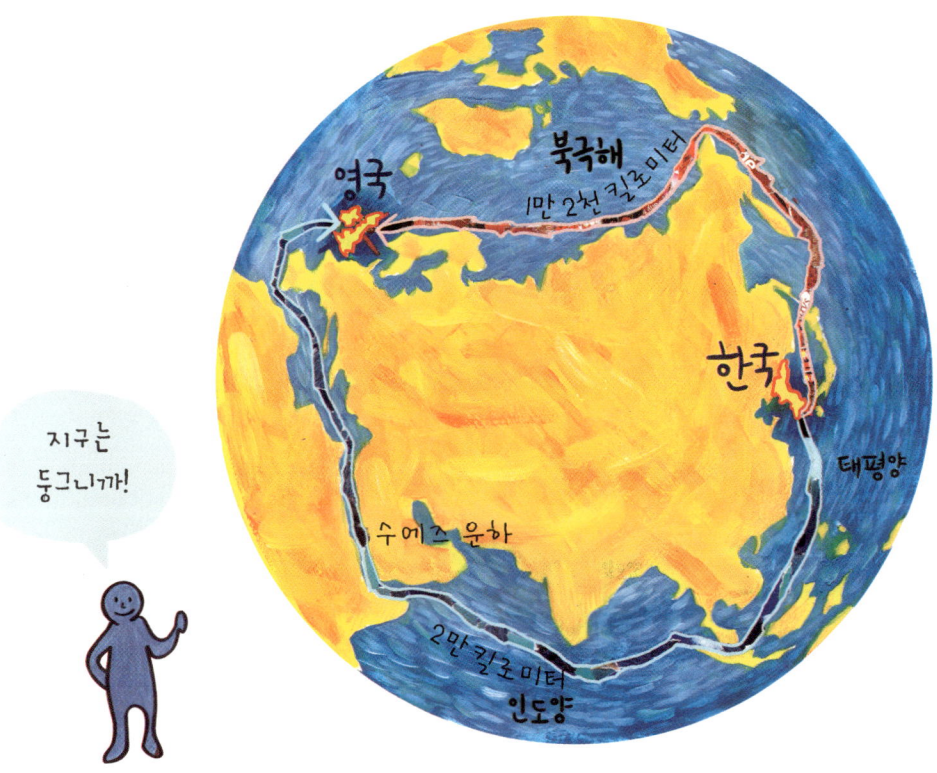

요. 그래서 지도에 표시한 거리는 실제 바닷길의 거리와 큰 차이가 나요. 여러분이 세계 지도에 그린 바닷길들을 둥근 지구에 그리면 위와 같이 된답니다.

이제는 바닷길 중에서 어느 쪽이 더 짧은지 쉽게 알 수 있겠지요? 우리나라에서 수에즈 운하를 지나 영국까지 가면 이동 거리는 약 2만 킬로미터예요. 그런데 북극해를 통해서 가면 약 1만 2천 킬로미터밖에 안 돼요. 이동 거리가 훨씬 짧지요.

북극해로 아시아와 유럽을 연결하는 바닷길을 내자고 처음 생각한 것은 영국 사람들이었어요. 16세기 당시 영국은 인도와 중국으로 가는 바닷길을 차지하기 위해 스페인, 포르투갈과 다투고 있었어요. 그즈음 유럽 사람들은 인도나 중국으로 갈 때 대서양 남쪽으로 내려온 다음 아프리카를 돌아가야 했거든요. 오랜 시간 두 나라의 협공에 밀린 영국은 대안이 필요했어요.

"인도의 향료와 중국의 차를 구해야 하는데……. 스페인과 포르투갈을 어떻게 피하지?"
"흠…… 좋은 생각이 떠올랐어! 그 나라들이 가지 않는 길로 가면 될 거 아냐!"

영국의 탐험가들은 대서양 쪽에서 출발해 북아메리카 대륙 북쪽 해안을 따라 태평양까지 가는 바닷길과 러시아 북쪽 해안을 따라 태평양까지 가는 바닷길을 개척하기로 마음먹었어요.

드디어 최초의 탐험대가 용감하게 출발했어요. 하지만 얼마 못 가 되돌아올 수밖에 없었지요. 북극해가 꽁꽁 얼어붙어 있었거든요. 탐험은 몇 차례에 걸쳐 계속되었지만 항로를 개척할 수는 없었어요. 결국 북극해를 지나는 항로는 꿈에서만 그릴 수 있는 가장 짧은 항로로 남았지요.

그런데 최근에 놀라운 일이 생기기 시작했어요. 꿈의 항로인 북극해 항로가 열리기 시작한 거예요. 도대체 무슨 일이 벌어진 걸까요?

북극해가 녹고 있어요

북극해 항로가 열리게 해 준 장본인은 바로 '지구 온난화'예요. 지구의 온도가 올라가면서 꽁꽁 얼어붙어 있던 북극해의 얼음이 녹고 있거든요.

북극 주변을 덮고 있던 얼음의 두께는 수 년 전에 비해 훨씬 얇아졌어요. 얼음의 두께가 얇아지면서 아예 얼음이 사라지는 곳도 있어요. 지금도 북극에선 매일 오스트리아 국토 면적의 얼음이 녹아 사라지고 있어요.

그 결과 대륙과 북극 사이 바다를 배가 마음껏 다닐 수 있게 되었지요. 영국이 그토록 개척하고 싶어 했던, 대서양과 태평양을 오고 가는 가장 짧은 뱃길이 열린 거예요.

얼음을 깨뜨려 뱃길을 내는 특수한 배가 없어도 북극해를 항해할 수 있게 되자 세계 여러 나라 배들이 북극해로 몰려들었어요. 지금도 북극해 주변에 있는 미국, 러시아, 덴마크, 노르웨이, 캐나다 이 다섯 나라가 서로 더 많은 북극해 영역을 차지하기 위해 다투고 있어요. 북극해 해저 지형을 조사하고 지하자원을 찾으면서 말이에요. 때로는 군함과 잠수함을 보내 맞설 정도예요.

그야말로 그저 얼음 들판이던 북극해가 이제 열강들로 북적거리고 있어요.

특히 캐나다는 다른 나라 배가 캐나다 위쪽 북극해의 바닷길을 통과할 때 자기네한테 반드시 신고해야 한다고 주장하기까지 해요.

"어허, 거참. 여긴 우리 바다라니까. 지나려면 신고를 하라고!"

북극해의 얼음은 30년 전에 비해 무려 30퍼센트나 얇아졌다.

북극해를 둘러싼 치열한 영토 분쟁

북극해 주변 나라들이 북극해를 서로 차지하려고 애쓰는 데에는 그만한 이유가 있어요. 북극과 대륙 사이에 꽁꽁 얼었던 얼음이 녹으면서 뱃길이 열렸을 뿐 아니라 얼음 속에 숨겨져 있던 섬들이 드러나기 시작했거든요. 북극해가 지닌 엄청난 정치·경제적 가치가 서서히 그 위용을 나타내기 시작한 거예요.

그중에서 크기는 울릉도보다도 훨씬 작은데 캐나다와 덴마크가 자기네 섬이라고 우기는 섬이 하나 있어요. 바로 '한스 섬'이죠. 이 섬은 독도처럼 돌섬이에요. 섬 주변이 꽁꽁 얼어붙어 있을 때에는 아무도 관심을 갖지 않더니만, 섬 주변 얼음이 녹자 서로 자기네 영토라고 나서고 있어요. 왜냐하면 한스 섬이 덴마크 쪽의 대서양과 캐나다 쪽의 태평양으로 가는 바닷길의 길목이 되었거든요. 우리나라 경우만 봐도 가장 가까운 길로 영국에 가기 위해서는 꼭 한스 섬을 지나야 해요. 그만큼 한스 섬이 중요한 위치에 있다는 뜻이에요. 게다가 한스 섬을 차지한 나라가 섬을 둘러싼 바다의 권리도 갖게 되어 그 나라의 허락 없이는 그 누구도 섬 주변 바닷길을 이용할 수 없거든요.

한스 섬의 주인이 누구인지는 아직도 결론이 안 났어요. 두 나라 중 한 나라가 어떤 이유 때문이든지 한스 섬에 갈 때는 미리 다른 나라에 알려 주자고 약속만 한 상태랍니다.

북극에서 1천 킬로미터 떨어진 바다 위 노르웨이 스발바르 제도도 시끄러워졌어요.

네 개의 큰 섬과 여러 개의 작은 섬으로 이루어진 스발바르 제도는 원래 노르웨이의 땅이 아니었어요. 제1차 세계대전에서 승리한 국가들이 16세기에 처음으로 발견된 후 쭉 주인이 없던 이 제도를 노르웨이에 넘겨주었어요. 그 대신 스발바르 제도를 둘러싼 바다를 다른 나라들이 마음대로 이용할 수 있다는 조건을 내걸었지요.

그런데 최근 노르웨이가 스발바르 제도 주변 바다를 독차지하려고 나섰답니다. 물고기가 많이 잡히는 아주 좋은 어장일 뿐만 아니라 석유가 묻혀 있거든요. 게다가 수심이 얕은 곳에도 석유를 대신할 수 있는 메탄 하이드레이트라는 미래 자원이 묻혀 있어요. 수심이 얕으면 캐내는 데 돈이 적게 들기 때문에 개발하는 나라의 이익이 그만큼 커져요. 하지만 이 섬들을 노르웨이에 준 다른 나라들은 어떻겠어요? 이래저래 시끌시끌할 수밖에 없는 상황이에요.

러시아도 러시아 연안의 대륙붕*이 북극해의 대륙붕과 연결되어 있다고 주장하며 자신들의 영해를 넓히려 하고 있어요. 북극해 대륙붕에도 석유와 천연가스가 엄청나게 많이 묻혀 있거든요.

> **대륙붕**
> 대륙 주변 가장 가까운 바닷속의 평탄한 지형을 말한다. 평균 깊이가 수심 200미터이다.

경제적 이익과 환경 위기 사이의 북극해

북극해에 바닷길이 열리자 우리나라 사람들도 약간 들떴어요. "싱가포르나 홍콩 대신 부산이 국제 무역항으로 발전할 가능성이 있다."면서 말이에요.

하지만 북극해 주변의 얼음이 녹는 바람에 막상 거기에 사는 원주민들은 큰 고통을 겪고 있어요. 식량과 옷을 주고, 돈도 벌게 해 주는 북극곰과 바다표범이 잡히지 않기 때문이에요. 북극곰은 얼음을 찾아, 북쪽으로 간 바다표범을 찾아 며칠을 굶으며 다니다가 빙하가 녹아 버린 바다에 빠져 죽거나 굶어 죽기도 해요. 2008년에 멸종 위기 동물로 지정될 지경에 이르렀답니다.

더 심각한 문제는 지구의 온도가 올라가면서 해수면이 높아져 전 국토가 바닷물 밑으로 잠길 위기에 처한 나라도 있다는 거예요. 또 북극해에 묻혀 있는 석유와 천연가스를 개발하느라 환경을 훼손해 생태계가 파괴될 가능성도 크지요.

이제는 바다를 경제적 이익을 가져다 주는 보물단지로만 볼 게 아니라 지구촌 사람과 동물, 식물 들이 사는 삶의 터전으로 바라보아야 할 때예요.

우리는 흥미진진한 바다의 세계로 여행을 떠날 거예요. 바다는 언제 어떻게 만들어졌을까? 문명을 일으키고 발전시키는 데 바다는 어떤 역할을 했을까? 또 사람들은 바다에 대해 어떻게 알게 됐을까? 어떻게 탐험하고 조사했을까? 여러 가지 궁금증에 대한 답을 찾아볼 거예요. 지구의 온도 변화 때문에 바다 환경이 어떻게 변하고 있는지도 빼놓을 수 없는 얘기고요. 그런데 여러분이 꼭 준비할 것이 있어요. 바로 '생각하는 즐거움'을 찾으려는 마음이에요. 준비됐나요?

Chapter 1

바다가 태어나다

모든 생물의 어머니,

　　바다는 푸르게 넘실거리며

　우리를 설레게 한다.

우주에서 바라본 푸른 지구

지구의 색깔은 무슨 색일까요? 땅을 닮은 황토색일까요, 숲을 닮은 초록색일까요?

"지구는 파랗다."

이 말은 러시아의 우주 비행사 가가린이 인류 최초로 대기권 밖에서 지구를 바라보며 던진 말이에요. 가가린은 1961년 4월 12일, 보스토크 1호를 타고 1시간 28분 동안 지구 둘레를 돌았는데, 그때 우주에서 지구를 보니 푸른 보석처럼 반짝이더래요.

우주에서 바라본 지구는, 푸른 바다를 배경으로 극지방의 하얀 빙하와 띠를 이루며 소용돌이치는 구름이 멋지게 어울려 구슬처럼 빛난다.

위성 사진으로 우리 지구를 보면 푸른 바다를 배경으로 하얗게 빛나는 극지방의 빙하와 띠를 이루며 소용돌이치는 구름들을 볼 수 있어요. 정말 아름답지요.

지구가 푸르게 보이는 이유는 무엇일까요? 바로 우리가 지금 이야기하는 바다 때문이에요. **바다는 지구 표면의 약 71퍼센트를 덮고 있어요.** 파란 바다가 거의 뒤덮고 있다고 해도 과언이 아니지요. 그러니 지구가 파랗게 보이는 거고요.

재미있는 이야기 하나 해 줄까요? 육지를 깎아 바다를 메워 보는 거예요. 우리가 살고 있는 육지의 평균 높이는 약 840미터예요. 바다의 평균 깊이는 약 3,800미터고요. 만약에 육지를 푹푹 깎아서 바다를 메운다면……? 육지의 흙이 바다를 다 채우지 못해 지구는 바닷물로 둘러싸인 행성이 될 거예요. 그것도 깊이가 2,400미터나 되는 물의 행성이요!

그렇다면 강이나 호수 같은 육지의 물은 지구를 얼마나 차지하고 있을까요? 강이나 호수는 생각보다 차지하는 비중이 작아요. 오히려 아주 미미하지요.

지구에 있는 물의 대부분은 바닷물이거든요. 바닷물은 지구 전체에 있는 물의 97퍼센트를 차지하고 있어요. 지구에 있는 물이 모두 100밀리리터라면 육지에 있는 물은 3밀리리터밖에 안 되는 셈이에요. 그나마 육지에 있는 그 물의 대부분도 남극과 그린란드에서 빙하 상태로 꽁꽁 얼어 있고요. 결국, 지구의 물은 바다를 뜻하는 것이라고 해도 무리가 없어요.

태양계에서 지구에만 바다가 있어요

태양계에는 태양 주위로 지구를 포함해 여덟 개의 행성들이 돌고 있어요. 같은 시기에 태어난 행성들이죠. 그런데 이 행성들 중 지구에만 바다가 있어요.
그러고 보니 그 이유가 궁금해지죠?
참 다행스럽게도 지구가 태양으로부터 아주 적당하게 떨어져 있기

태양과 적당한 거리, 적당한 크기! 바다를 내 품에!

태양　수성　금성　지구　화성

때문이에요. 지구보다 태양에 가까운 수성이나 금성에는 물이 없지만, 물이 있더라도 온도가 너무 높아서 금세 부글부글 끓어 수증기로 변할 거예요. 또 화성처럼 지구보다 태양에서 멀리 있는 행성은 온도가 너무 낮아서 물이 존재할 수가 없어요. 물은 0도에서 100도 사이에서만 그 상태를 유지하거든요.

지구가 공기와 물을 붙잡아 둘 수 있을 정도의 적당한 크기라는 것도 지구에만 바다가 있는 이유예요. 지구의 크기가 적당해서 공기와 물이 우주로 달아나지 못하게 잡아당기거든요. 정말 놀랍지요?

작은 먼지가 모여 지구가 만들어졌어요

바다는 어떻게 생겨났을까요? 바다의 탄생을 보려면 약 50억 년 전 원시 시대로 되돌아가야 해요. 태양 주위에는 가스와 먼지들이 구름처럼 모여 있었어요. 이 알갱이들은 뭉쳐서 작은 덩어리를 만들기 시작했는데, 이 작은 덩어리들은 다시 끼리끼리 붙어 점점 더 커다란 덩어리가 되었어요. 이것들을 '미행성'*이라고 불러요.

셀 수 없을 정도로 많은 미행성들이 만들어진 다음 미행성들은 여기저기 부딪히면서 또다시 점점 커졌지요.

> **미행성과 원시 지구**
>
> 오랜 옛날 태양처럼 스스로 빛을 내는 항성 주위를 둘러 싼 가스와 먼지들이 모여 작은 덩어리를 만들었다. 그 과정에서 중력이 큰 것이 작은 것들을 끌어당기면서 성장해 미행성이 되었다. 오랜 시간 동안 미행성의 충돌이 반복되면서 원시 지구가 탄생하였다.

원시 지구도 아주 오랜 시간 동안 이런 충돌을 통해 만들어졌어요. 지금으로부터 약 46억 년 전의 일이지요.

미행성에는 물과 이산화탄소 같은 성분이 포함되어 있어요. 원시 지구에 미행성들이 부딪히면서 미행성들이 가지고 있던 물과 이산화탄소가 밖으로 나왔어요. 오랜 시간 동안 이런 일이 반복되면서 원시 지구에 수증기와 이산화탄소가 점점 많이 쌓이게 되었지요.

원시 지구가 수증기와 이산화탄소로 덮여 있었다는 사실은 아주 중요해요. 왜냐하면 수증기와 이산화탄소는 미행성과 원시 지구가 충돌할 때 만들어진 뜨거운 열을 지구 대기에 가두는 역할을 해 주었거든요. 쿵! 꽝! 미행성이 떨어질 때마다 지구의 온도는 점점 높아졌어요.

마침내 지구 표면은 암석이 녹을 정도로 뜨거워지기에 이르렀지요. 그리고 암석은 녹아서 펄펄 끓는 마그마가 되었어요. 이제 원시 지구는 붉은 마그마의 바다가 되어 버렸어요.

나는 부글부글 원시 지구라네.

수증기와 이산화탄소는 미행성과의 충돌로 생긴 열을 지구에 가두어 버렸고, 지구 표면은 암석이 녹을 정도로 뜨거워졌다.

바다가 탄생했어요

시간이 흐르면서 원시 지구와 부딪히는 미행성들은 거의 없어졌어요. 더불어 지구 표면의 온도는 점점 낮아지고 마그마의 바다도 차츰 식었지요. 그러자 원시 지구 대기에 있던 수증기가 물방울로 변하기 시작했어요. 물방울들은 뭉게뭉게 구름을 만들어 원시 지구의 하늘에 떠올랐지요. 온 하늘이 구름으로 뒤덮였어요.

구름은 시간이 갈수록 두터워졌어요. 두터워질 대로 두터워지자 구름에서 비가 내리기 시작했어요. 보슬비나 이슬비가 아니라 소나기

두터워질 대로 두터워진 구름에서
비가 내려 바다를 이루었다.

들끓어 오르던 마그마의 바다가 식기 시작하자
원시 지구 대기에 있던 수증기가 물방울로 변하기 시작했다.

보다 세차게 폭포수처럼 쏴아쏴아 쏟아져 내렸지요. 그래도 대기 중에는 여전히 비를 만드는 수증기가 엄청나게 많았어요. 그래서 비가 아주 오랫동안 내렸어요.

비 때문에 원시 지구에는 엄청나게 많은 물이 고였어요. 마침내 지구에 바다가 생긴 거예요. 하늘도 맑게 개었고요. 이때가 약 38억 년 전이에요.

이 바다에서 지구 최초의 생명체가 탄생했답니다. 그리고 35억 년 전에 광합성을 하는 생명체가 등장하면서 산소가 만들어지기 시작했고요. 이렇게 점차 산소의 양이 늘어나면서 오존층이 생겨났는데, 이는 생물체에게 아주 중요한 사건이었어요. 왜냐하면 오존층이 태양으로부터 지구로 들어오는 자외선을 흡수해 주었거든요.

지구에 산소의 양이 늘어나면서 오존층이 만들어졌다. 오존층은 태양의 자외선을 흡수해 주어 바닷속 생물들이 육지로 올라올 수 있었다.

오존층이 자외선으로부터 지구를 보호해 주기 전에는 바닷속 생물들이 육지로 올라오기 힘들었어요. 자외선은 너무나 강해서 생물의 조직을 파괴했거든요. 그래서 우리도 특히 여름이면 '자외선 차단제'를 꼭꼭 바르잖아요?

산소가 풍부한 대기와 오존층이라는 보호막으로 둘러싸이자 지구에는 새 세상이 펼쳐졌어요. 드디어 바다에서 태어나 진화한 생물들이 자외선의 두려움에서 벗어나 육지로 올라왔던 거예요. 이때가 지금으로부터 약 4억 년 전이에요.

바닷물은 왜 짤까요?

남아메리카 볼리비아라는 나라에 있는 우유니 소금 사막에 가면 아주 신기한 광경을 볼 수 있어요. 이 소금 사막에 비가 내리면 넓은 평원 자체가 전부 하늘을 비치는 거울이 되거든요. 빗물이 고인 소금 사막에 푸른 하늘과 구름이 비쳐 마치 하늘 위에 서 있는 듯한 기분이 든대요. 그래서 사람들은 이곳을 '세계 최대의 자연 거울'이라고 불러요.

그런데 이 소금 사막이 어디 있는지 아세요? 해수면으로부터 무려 3,656미터나 더 높은 곳에 있답니다.

소금 더미가 그렇게 높은 곳에 쌓이게 된 이유는 2만 년 전 지각 변동 때문이에요. 2만 년 전 지각 변동으로 바다가 높이 솟았다가 물은

증발하고 소금만 남은 거죠. 그런데 그 양이 볼리비아 국민들이 천 년을 먹고도 남을 만큼이래요.

바닷물은 정말 대단하지요? 이렇게 엄청난 양의 소금을 머금을 수 있다니 말이에요. 하지만 바닷물에 소금이 처음부터 이렇게 많았던 것은 아니에요.

바닷물은 10억 년 전부터 짠맛이었지만 처음 생겼을 때에는 지금처럼 짜지 않았어요. 비가 폭포수처럼 엄청나게 내려 만들어진 바다였으니까요. 그런데 비가 땅으로 스며들면서 빗물은 흙과 바위를 깎아 냈어요. 그리고 그 속에 들어 있는 여러 가지 성분을 녹여 강물을 따라 바다로 흘러 들어갔지요. 때로는 바다 밑 바닥에서 폭발한 화산의 재가 바닷물에 녹기도 했고요.

바닷물이 워낙 많아 티가 잘 안 나지만 바닷물도 엄청 많이 증발한답니다. 오랜 옛날에도 바닷물은 햇볕을 받아 증발했어요. 그때 물만 증발되어 공기 중으로 올라가고 빗물에 녹았던 성분과 화산재 성분은 그대로 바다에 남았지요. 수십억 년 동안 물은 계속 증발되고 바닷물 속의 성분은 그대로 남는 일이 반복되었어요. 그러자 바닷물 속에는 육지에서 운반되어 온 여러 가지 성분들이 점점 많이 쌓이게 되었어요. 이렇게 쌓인 성분을 '염류'라고 하지요.

염류는 바닷물에 녹아 있는 염화나트륨, 염화마그네슘, 황산마그네슘 같은 무기물을 말해요. 바닷물 속 염류 중에 가장 많은 양을 차지하는 것은 염화나트륨이에요. 어려운 말이 나왔다고 당황하는 친구들, 걱정하지 마세요. 염화나트륨은 별 게 아니랍니다. 바로 소금이에요.

그래서 바닷물이 짠맛이 나는 거예요. 세계 바닷물 1킬로그램에는 35그램의 염류가 녹아 있지요.

신기하게도 바닷물의 염분은 약 10억 년 전부터 거의 일정하게 유지되고 있어요. 더 짜지도, 덜 짜지도 않게 말이에요. 물이 계속 증발할 텐데 이상하지요? 다 이유가 있어요.

염분이 적당하면 바닷속 염류가 그대로 바닷물 속에 남아 있거든요. 하지만 염분이 너무 높아지면 바닷속 염류가 슬그머니 바다 밑으로 가라앉게 된답니다. 바다로 들어오는 염류의 양과 바다 밑으로 가라앉는 염류의 양이 거의 같으니 바닷물에 들어 있는 염분도 일정하게 유지되는 거지요.

 우리 몸에 바다가 남겨 준 유산이 있다!

우리 몸은 대부분 물로 되어 있다. 약 70퍼센트나 된다. 여우, 코끼리 같은 동물이나 콩, 배추 같은 식물의 몸에도 많은 양의 물이 있다.
왜 생물체의 몸에 물이 그토록 많은 걸까? 수많은 학자들의 말에 따르면 모든 생물이 바다에서 태어나서 진화했기 때문이라고 한다. 38억 년 전에 생겨난 바다의 유산이 오랜 세월을 거친 뒤에도 우리 몸에 있는 것이다. 한마디로 우리 몸속에 바다가 남아 있는 셈이다. '나는 바다야'라고 생각해 보자. 바다가 훨씬 포근하고 가깝게 느껴질 것이다.

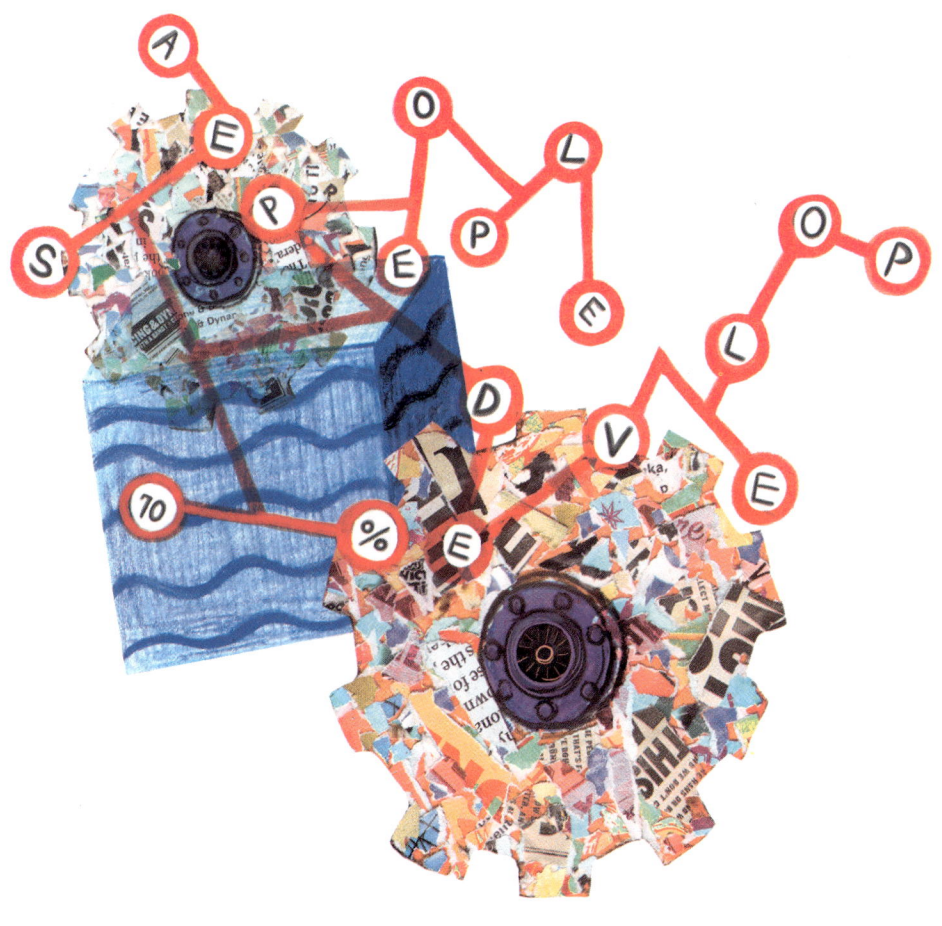

미지의 세계로 남아 있던 바다가

인류의 기술 발달로

드디어 그 모습을 드러냈다.

바닷속이 궁금해!

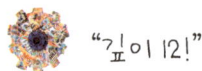 "깊이 12!"

지친 선원이 바닷물에 흠뻑 젖은 채 외쳤어요. 그러고는 힘겹게 끝에 납덩이가 달린 굵다란 밧줄을 바다로 던졌어요. 그리고 일정한 간격으로 묶어 눈금 역할을 해 주는 천을 만지며 바다의 깊이를 쟀지요.

선원은 지치고 힘들었지만 그래도 밧줄로 바다의 깊이를 재는 일을 멈추어선 안 된답니다. 그랬다가는 배가 암초에 부딪힐 수도 있으니까요.

1800년대까지만 해도 이렇게 일일이 수심을 재고 알려 주는 사람이 따로 있었어요.

암초가 있는지 없는지 직접 눈으로 볼 수 있다면 얼마나 좋았을까요? 그럼 이렇게 힘겹게 밧줄을 던지고 끌어올리는 과정을 반복하지 않아도 되었을 텐데요. 바닷물을 손으로 퍼 보면 투명하고 맑은데, 왜 바다 밑까지 볼 수 없는 걸까요?

그 이유는 햇빛이 바닷물에 흡수되기 때문이에요. 햇빛은 일곱 가지 색의 빛이 합쳐져서 희게 보여요. 그런데 햇빛이 바다에 비치면 수심이 얕은 곳에서는 빨간색이 사라지고 조금 더 깊이 내려가면 노란색이 사라져요. 그리고 나중에는 파란색이 사라진답니다. 그 다음에는 모든 색깔이 사라지면서 완전히 캄캄해지지요. 햇빛은 바닷물 속으로 불과 200미터 정도밖에 들어가지 못해요.

그 아래에서는 아무것도 보이지 않아요. 위에서 햇빛을 다 흡수해 버리니까요. 바다의 평균 깊이가 얼마나 되는지 기억하고 있지요? 약 3,800미터예요. 그러니 어떻겠어요? 바다 대부분은 '암흑의 세계'지요. 지구에 바다가 생긴 수십억 년 전부터 깊은 바닷속에는 한 줄기 햇빛도 들어간 적이 없단 뜻이에요. 잠수정*을 타고 내려가도 전등을 켜서 겨우 몇 미터 앞만 볼 수 있을 뿐이죠.

그런데 이 깜깜한 바닷속이 어떻게 생겼는지 지금 우리는 알 수 있답니다. 해저 지도가 있거든요. 어떻게 만들었냐고요?

힌트는 바다의 깊이예요. 등고선을 긋듯이 바다 밑 여러 지점의 깊이를 재서 그 지점들을 이으면 바다 밑에서 어디가 가장 낮고 어디가 가장 높은지 지도를 그릴 수 있어요.

하지만 바닷속의 깊이를 재는 일이 절대로 쉽진 않아요.

옛날에는 무거운 추를 매단 밧줄을 바다에 던져 추가 바다 밑바닥에 닿으면 깊이를 쟀어요. 수심이 수십 미터인 경우에는 이렇게 바다 깊이를 재는 게 가능하지요.

최초의 잠수정

최초의 잠수정은 1620년에 네덜란드의 드레벨이라는 사람이 만들었다. 노를 젓는 방식의 잠수정이었는데 영국 템스 강 아래 3미터까지 잠수했다. 군사적으로 최초로 사용된 잠수함은 터틀이라는 잠수함이다. 사람의 힘으로 움직이는 달걀 모양 잠수함이었는데, 미국의 독립 혁명 때 데이비드 브쉬넬이란 사람이 만들어 1776년에 영국 전함 이글 호를 공격하려다 실패하였다.

하지만 수심이 수 킬로미터까지 이르는 경우에는 무척 어려워요. 한번 생각해 보세요. 추를 매단 끈을 수 킬로미터까지 내렸다가 다시 끌어올리는 방법으로 대서양이나 태평양처럼 깊고 넓은 바다의 수심을 측정한다면 얼마나 지루하고 어렵겠어요. 게다가 정확하지도 않겠지요. 배에 타고 있는 동안 바닷물의 흐름이 달라질 수도 있고, 해저 지형이 바뀌기도 할 테니까요.

이 문제를 해결해 준 것이 초음파예요. 초음파는 소리는 소리인데 사람은 들을 수 없는 소리예요. 공기보다 바닷

오래전부터 사람들은
바닷속을 알기 위한
노력을 기울였다.

어떻게 하면 바다 깊이를 정확하게 잴 수 있을까?

물에서 더 빠르게 멀리까지 나간 답니다.

바닷물 속에서 초음파는 보통 1초에 1,500미터의 거리를 이동할 수 있어요. 게다가 초음파는 어디에 부딪히면 되돌아오는 성질이 있어요.

만약 어떤 지역에서 초음파가 반사되어 돌아오는 데 걸린 시간이 6초였다고 가정해 보세요. 이 지역의 수심은 얼마일까요? 초음파가 바다 밑바닥까지 가는 데 걸린 시간이 3초이니까 이곳의 수심은 4,500미터예요.

초음파를 이용하면 움직이는 배에서도 바다의 깊이를 잴 수 있어요. 한 지점뿐 아니라 넓은 면적도 한 번에 잴 수 있고요.

요즘에는 인공위성으로 바다 깊이를 측정하기도 해요. 미국의 지구 관측 위성 지오샛과 유럽의 위성 ERS-1에는 해양의 수심을 측정할 수 있는 특수 기구가 있어요.

이처럼 초음파와 인공위성의 기술을 동시에 이용하면 바다의 맨 밑바닥에서 가장 높은 지점까지의 해저 지형을 놀라울 정도로 자세하게 그릴 수 있어요. 그 지도를 보면 바닷물이 완전히 빠져 나간 것처럼 바다 밑바닥 지형이 훤히 보인답니다.

바닷속에 평원과 골짜기가 있대요

초음파와 인공위성을 이용해 그린 바다 밑 지도를 본 사람들은 깜짝 놀랐어요. 땅에 있는 골짜기와 산맥보다 훨씬 깊은 골짜기와 높고 긴 산맥이 바다 밑에 있었기 때문이에요. 바다 밑 산맥인 해령의 길이를 모두 더하면 4만 킬로미터가 넘어요. 지구 둘레와 비슷한 길이지요. 육지에서 가장 긴 안데스 산맥의 길이도 7,000킬로미터 정도밖에 안 돼요. 정말 놀랍지요?

화산섬 섬 전체 또는 대부분이 해저 화산의 분출물로 이루어진 섬.

기요 바다 밑에 원뿔 모양으로 우뚝 솟은 해산 중에서 꼭대기가 깎인 해산.

해구 바다 밑바닥에 좁고 길게 도랑 모양으로 움푹 들어간 곳.

화산섬 · 기요 · 대륙붕 · 대륙사면 · 해구

세계에서 가장 깊은 바다 밑 골짜기는 필리핀 근처에 있는 마리아나 해구예요. 그 깊이가 무려 1만 미터가 넘어요. 세계에서 가장 높은 산인 에베레스트 산의 높이는 8,848미터이니까 이곳에 에베레스트 산을 넣으면 잠기게 되지요.

또 바닷속에는 아주 넓은 평원이 펼쳐져 있어요. 바다 밑 대부분이 평원이라고 보면 돼요. 간혹 크고 작은 골짜기가 있고, 화산 폭발로 만들어진 해산도 있어요. 해산 중에는 산꼭대기 부분이 평평하게 깎인 것도 있지요. 이런 해산은 '기요'나 '평정해산'이라고 불러요.

바닷속에서 가장 주목 받는 지형은 육지에 맞닿은 평균 수심이 200미터가 채 안 되는 평평한 대륙붕이에요. 바로 여기에 석유, 천연가스 같은 지하자원이 풍부히 묻혀 있거든요.

어때요, 바닷속 세상이 보이나요?

대륙붕 대륙 주위를 둘러싼 아주 평탄한 지형.

해령 산맥 모양으로 솟은 지형.

대륙사면 대륙붕 기슭에서 심해저 평원으로 이어지는, 몹시 가파른 지형.

심해저 평원 바닷속의 넓은 들판. 수심 4,000~5,000미터에 있는 평탄한 지형.

크고 작은 판으로 이루어진 지구

그토록 궁금했던 해저 지형을 알고 나니까 과학자들은 이제 이런 지형이 만들어진 까닭이 궁금해졌어요.

연구를 하고 또 했지요. 그리고 마침내 그 이유가 지구 속에서 일어나는 '대류' 때문이라는 걸 알아냈어요. '대류'가 뭔지는 물을 끓여 보면 알 수 있어요. 반투명한 냄비에 물을 담아 한번 데워 보세요. 냄비 밑바닥의 물이 그릇 위로 올라와 냄비 가장자리로 퍼지면서 내려오는 게 보이지요? 이와 같은 움직임을 '대류'라고 해요. 대류는 지구 밑에서도 일어나요.

우리가 발을 딛고 서는 대륙과 바다가 있는 지구 겉껍질을 지각이라고 불러요. 지구 전체에서 지각의 두께는 사과의 껍질만큼이나 아주 얇아요. 지각 아래에는 맨틀이 있어요. 맨틀 윗부분은 지각을 이루는 암석과 같이 단단하지만 맨틀 아랫부분은 온도와 압력이 지각보다 훨씬 높기 때문에 그렇게 단단하지 않아요. 물렁물렁해요. 그래서 지각에서 맨틀 윗부분까지 약 100킬로미터의 단단한 부분을 암석권이라고 하고, 그 맨틀 아랫부분을 연약권이라고 불러요.

연약권은 열을 받아 아주 느리게 대류 운동을 해요. 연약권이 대류를 하면 어떤 일이 벌어질까요? 연약권 위에 무엇이 있는지 생각해 보세요.

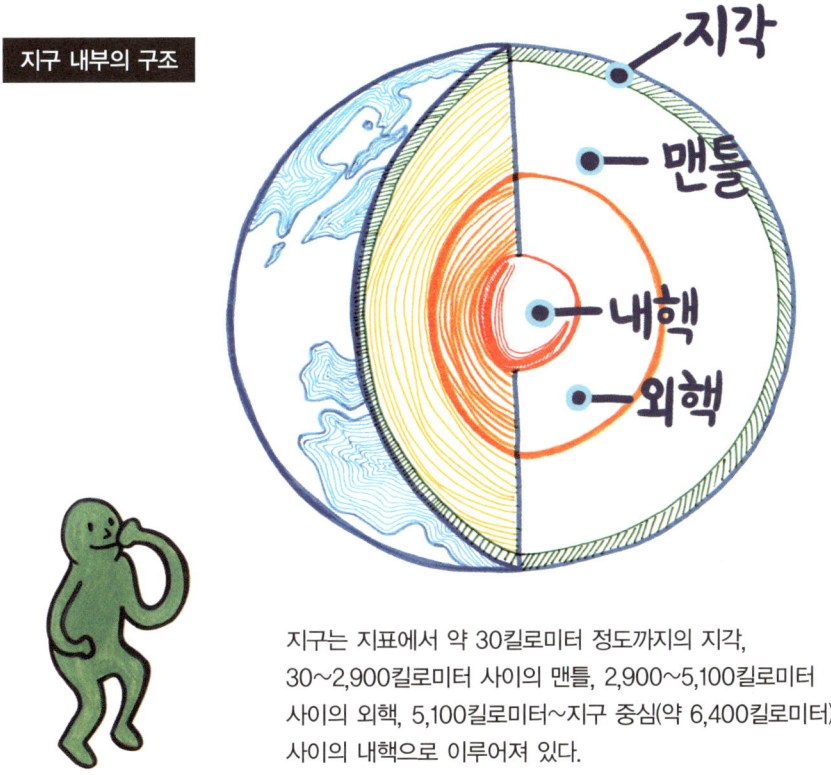

지구 내부의 구조

지구는 지표에서 약 30킬로미터 정도까지의 지각, 30~2,900킬로미터 사이의 맨틀, 2,900~5,100킬로미터 사이의 외핵, 5,100킬로미터~지구 중심(약 6,400킬로미터) 사이의 내핵으로 이루어져 있다.

단단한 암석권이 있지요. 연약권의 대류에 따라 암석권도 움직이게 된답니다. 이때 움직이는 크고 작은 조각들을 '판'이라고 불러요.

맨틀이 대류하면 크고 작은 판들은 서로 부딪쳐 멀어지거나 어긋나요. 그래서 해구와 같은 해저 지형이 만들어지지요. 대륙판과 해양판이 만나면 해양판이 대륙판 아래로 파고 들어가거든요. 그 사이에 해구가 생기는 거예요.

과학자들은 더 신기한 사실을 발견했어요. 바로 바다가 넓어지고 있다는 사실이에요. 언제나 부글부글 마그마가 끓어오르는 해령을 연구하다가 해령에서 양 옆으로 멀리 있는 암석일수록 나이가 많다는 것을 알아내고는 다시 그 이유를 곰곰이 생각해 봤어요.

그러자 맨틀의 대류 때문에 해령에서 분출된 마그마가 식어 굳어진 암석이 해령을 중심으로 양 옆으로 이동한 것이라는 결론이 나왔지요. 암석이 해령의 좌우로 이동했다는 것은 바다가 넓어졌다는 뜻이고요. 이런 움직임은 지금도 계속되고 있답니다.

맨틀의 대류 때문에 해령 주변의 암석이 양 옆으로 이동한다. 이에 따라 바다가 점차 넓어지고 있다.

바다의 위치와 크기가 변해요

놀랍게도 아주 오래전부터 바다의 위치와 크기가 계속 변하고 있어요. 약 3억 년 전에는 모든 대륙이 한 덩어리로 뭉쳐 있었어요. 이 커다란 대륙을 '초대륙' 또는 '판게아'라고 불러요. 판게아를 둘러싼 바다의 이름을 '판달랏사'라고 하고요.

시간이 지나면서 판게아가 나누어졌고, 커다랗게 쪼개진 땅들, 즉 각 대륙이 이동하기 시작했어요. 그러면서 태평양, 대서양, 인도양 같은 바다도 만들어졌지요.

이 사실을 맨 처음 말한 사람은 1915년 베게너라는 지질학자예요. 베게너는 젊었을 때부터 대륙이 움직이고 바다의 크기가 달라지고 있다고 생각했어요. 아프리카 서해안과 남아메리카 동해안의 해안선 모양이 비슷하다는 게 그 이유였지요. 1960년에 해저 지도가 만들어지고 보니 이 둘은 해저 지형까지 맞아떨어지는 거예요.

서로 멀리 떨어진 대륙들에서 같은 고생물 화석이 많이 발견된 것도 중요한 증거였어요. 베게너는 자신의 생각을 증명하려 여러 번 그린란드 탐험에 나섰어요. 일생을 지구의 역사 연구에 몰두하던 베게너는 결국 그린란드 얼음 들판에서 최후를 맞이했지요.

지금도 바다의 크기와 위치는 알게 모르게 조금씩 계속 변하고 있어요. 지구 속에서 천천히 일어나는 대류 때문이에요.

판·게·아

3억 년 전

1억 3천만 년 전

6천 5백만 년 전

약 3억 년 전에는 모든 대륙이 한 덩어리로 뭉쳐 있었다. 시간이 지나면서 대륙이 나누어지고 태평양, 대서양, 인도양 등 바다가 만들어지기 시작했다.

오늘날

북아메리카, 아시아, 아프리카, 남아메리카, 오스트레일리아, 남극

그렇다면 미래의 지구는 어떻게 달라질까요?

많은 학자들은 좁고 긴 바다인 홍해가 점점 넓어지고 아프리카와 유럽 사이에 있는 지중해는 점점 좁아질 것으로 예상하고 있어요.

그리고 대서양은 점점 넓어지고 태평양은 좁아질 거라는 예측도 나오고요. 아프리카의 동쪽 부분은 떨어져 나와 인도양에는 아주 큰 섬이 만들어질 것 같아요. 지금과 전혀 다른 모습의 세상이 되는 거죠!

 적도에 있던 한반도

맨틀의 대류 때문에 대륙과 바다가 이리저리 움직이는 동안 우리 한반도는 여러분은 상상하기도 힘든 여행을 했다.
놀라지 마시라! 한반도는 아주 오랜 옛날, 모든 대륙이 하나였을 때 적도 부근에 있었다! 더구나 당시 한반도는 대륙이 아니었다. 바닷속에 잠긴 해저 지형이었다. 그랬던 한반도가 지구의 대류를 따라 천천히 북쪽으로 움직여서 바다 위로 솟아 공룡이 살던 1억 3천만 년 전쯤의 쥐라기에 지금과 같은 위치에 오게 되었다.

바다의 강을 찾아라!

미국의 벤저민 프랭클린은 1768년에 영국 런던에 여행을 갔다가 한 가지 궁금한 점이 생겼어요. 벤저민이 영국에서 미국으로 우편물을 보냈더니 미국에서 영국으로 보냈을 때보다 도착하는 시간이 더 늦는 거예요. 한 2주 정도 차이가 났어요.

프랭클린은 항해 일지를 꼼꼼히 조사했어요. 그리고 마침내 멕시코와 미국의 동쪽 해안, 대서양을 지나 유럽으로 가는 바닷물의 흐름

미국에서 영국으로 갈 때에는 멕시코 만류를 따라가고 영국에서 미국으로 돌아올 때에는 멕시코 만류를 피하시오!

이 있다는 것을 알아냈어요. 이 흐름은 마치 강과 같았어요.

프랭클린은 미국에서 영국으로 갈 때에는 이 해류를 타고 항해하고, 반대로 영국에서 미국으로 돌아갈 때에는 이 해류를 피해 남쪽으로 항해하면 항해 시간을 줄일 수 있다는 사실을 알아냈어요. 이 바닷물의 흐름을 우리는 지금 '멕시코 만류'라고 불러요.

벤저민이 들고 있는 지도를 보세요. 멕시코 만류*의 흐름이 뚜렷하게 잘 나타나 있어요.

누가 움직여 주는 것도 아닌데 해류는 어떻게 끊임없이 움직이는 걸까요? 바다 위를 흐르는 해류는 바람의 도움을 받아 움직이지요. 이에 비해 깊은 바닷속을 흐르는

멕시코 만류의 흐름

멕시코 만류는 폭이 좁고 따뜻한 게 특징인데 물의 흐름이 세차고 소용돌이가 일어나기도 하는 등 변화가 잦다. 바닷물 위층에는 따뜻한 멕시코 만류가 흐르지만 그 아래에는 방향과 속도가 다른 바닷물의 흐름이 있다.

해류는 주변보다 밀도가 높은 바닷물이 가라앉으면서 컨베이어 벨트처럼 바닷속을 광범위하게 천천히 움직여요.

밀도 차이는 왜 생길까요? 북극이나 남극 부근과 같이 추운 바다에서는 바닷물이 얼어요. 그런데 이때 물만 얼고 소금은 남기 때문에 얼음 주변 바닷물은 염분이 높아져요. 수온이 낮고 염분이 높아지면 바닷물의 밀도가 커져요. 그래서 바닷물 아래쪽으로 가라앉게 되는 거죠.

밀도가 높은 북극의 바닷물은 바다 밑을 흘러 남극까지 가요. 그리고 거기에서 역시 밀도가 높은 바닷물과 합쳐지지요. 그 물은 인도양과 태평양 바다 밑바닥을 따라 흘러간 다음 바다 위로 떠올라 다시 북

대서양까지 흘러가요.

　이와 같은 흐름, 즉 해류는 아주 느린 속도로 바닷물 전체를 순환시키는 중요한 역할을 해요. 엄청난 양의 열에너지를 남쪽과 북쪽 양 방향으로 운반하는 역할을 하니까요. 덕분에 적도 지방이 지나치게 더워지거나 극지방이 지나치게 추워지는 현상이 일어나지 않고 지구의 온도도 비교적 일정하게 잘 유지되는 거랍니다.

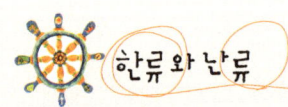
한류와 난류

해류에는 저위도 지역에서 고위도 지역으로 흐르는 따뜻한 난류와 고위도 지역에서 저위도 지역으로 흐르는 차가운 한류가 있다.
우리나라 동해에서는 북쪽으로 흐르는 동한 난류와 남쪽으로 흐르는 북한 한류가 만난다. 난류와 한류가 만나는 곳에서는 물고기의 먹이가 되는 플랑크톤이 풍부하여 좋은 어장을 만든다. 플랑크톤을 먹이로 삼는 온갖 물고기들과 이 물고기를 먹이로 삼는 다른 큰 물고기들도 덩달아 많이 모여들기 때문이다. 그래서 한류와 난류가 만나는 바다를 황금어장이라고 부른다. 그리고 동한 난류가 흐르는 우리나라 동해안은 겨울철이면 서해안보다 따뜻하다. 이렇게 난류와 한류는 날씨에도 영향을 끼친다.

달이 끌어당겨요

바람과 바닷물의 밀도 말고도 하루에 두 번 바닷물을 움직이는 힘이 또 있어요. 바로 달과 태양이 바닷물을 끌어당기는 힘이에요. 이 중 달이 지구와 더 가까운 거리에 있기 때문에 바닷물을 끌어당기는 힘도 태양보다 더 커요. 지구에서 달을 향한 쪽과 그 반대쪽에서는 바닷물이 확 밀려드는 밀물이 생겨요. 다른 방향에서는 바닷물이 빠져나가는 썰물이 생기고요.

특히 보름날이나 그믐에는 달과 태양이 지구와 일직선이 되는데 이때를 사리라고 해요. 달과 태양이 힘을 합해 바닷물을 끌어당겼다 놓아서 한꺼번에 많은 바닷물이 빠져나갔다가 밀려들어요.

하루 중에서 밀물이 들어 해수면이 가장 높은 때를 만조, 가장 낮은 때를 간조라고 하는데, 이 조수 간만의 차이가 큰 곳에서는 조력 발전소를 세워 전기를 만들기도 해요.

Chapter 3

바다에 길이 열리다

어떤 이는 모험심 때문에,

어떤 이는 돈을 벌기 위해,

또 어떤 이는 신앙 때문에 바닷길에 나섰다.

미지의 바다

지금은 바다가 어떻게 생겨났고, 얼마나 넓은지도 알고 또 배를 타고 가면 얼마 만에 어디에 도착할 수 있는지도 가늠할 수 있어요.

하지만 옛날에 바다는 깜깜한 밤 같은 곳이었어요. 어디서 뭐가 튀어나올지, 어디에 뭐가 있는지 전혀 알 수 없었지요.

그래서 민족마다 나라마다 바다에 대한 상상의 날개를 맘껏 펼쳤어요. 북극에 사는 이누이트는 땅 아래에는 바다가 있고 그 아래에는 또 다른 세계가 있다고 상상했어요. 그리스 사람들은 요동치는 바다를 보고 바다의 신 포세이돈이 화가 나서 그런다고 생각했고요. 중세 유럽 사람들은 바다 저 끝에 낭떠러지가 있고 그곳에는 용이 산다고 믿었지요.

정체를 알지 못하는 바다 저 멀리 배를 타고 나가는 데에는 대단한 용기가 필요했어요. 그런데도 사람들은 배를 만들어 점차 먼 바다로 나가 물고기를 잡고 전혀 몰랐던 다른 지역에서 나는 물건들을 구해 오기도 했지요. 이 과정에서 서로 다른 문명이 만나 또 다른 문화가 태어나기도 하고 좀 더 발달하기도 했어요.

바닷길의 교통편, 배의 탄생

예전 배가 없던 시절에는 어떻게 강이나 바다에서 물고기를 잡았을까요? 그 시절에는 물고기 한 마리를 잡으려 해도 가까운 강이나 바닷속에 직접 들어가 잡거나 낚싯대, 그물 등을 이용해 잡을 수밖에 없었어요.

그런데 가까운 곳에서 잡을 수 있는 물고기는 아무래도 제한적일 수밖에 없어요. 보다 크고 맛있는 물고기를 많이 잡으려면 좀 더 먼 강이나 바다로 나가야 했지요.

먼저 사람들은 통나무 가운데를 움푹 파서 배를 만들었어요. 지금까지 발견된 가장 오래된 통나무 배는 기원전 8,000년 경에 만들어진 배예요. 유럽 적송이라는 나무로 만든 거죠. 지금은 네덜란드 아센에 있는 드렌츠 박물관에 전시되어 있대요.

그리고 기원전 4,000년 경 이집트에서는 갈대로 배를 만들어 나일 강을 오갔다고 해요. 기원전 3,000년 경에는 나무판자를 가죽끈으로 묶고 틈새는 갈대로 메운 배로 항해를 했고요. 무덤 벽화나 유물로 보는 이집트 배의 모습은 인류가 만든 배의 변천을 잘 보여 줘요.

난, 나무로 만들어야지!

오래전부터 사람들은 물에 뜨는 재료인 나무, 갈대 등으로 배를 만들어 탔다.

이후 배의 방향을 조절할 수 있는 키와 물살을 헤쳐 앞으로 나가게 하는 노, 그리고 바람을 받아 배를 가게 하는 넓은 천인 돛이 만들어졌어요. 덕분에 배는 더욱 멀리 나갈 수 있게 되었지요.

사람들은 배를 타고 멀리 나가 물고기를 잡아오기도 하고, 자기네 물건을 가지고 새로운 지역에 도착해 그 지역의 물건으로 바꿔 오기도 했어요. 그러면서 바다는 훌륭한 어장으로서만이 아니라 훌륭한 길의 역할도 하게 되었답니다.

철로 만든 배가 등장하다

18세기 후반 유럽에서는 산업 혁명이 일어나 배를 만드는 기술에도 큰 변화가 일어났다. 바람의 힘 대신 증기의 힘을 이용해 배를 움직이는 기술이 발전했다. 또 나무 대신 강철로 배를 만들 수 있게 되었다.
처음에는 철판과 철판을 포갠 다음 금속 못을 이용해 망치로 두들겨 이어 강철 배를 만들었다. 그 다음에는 금속 못을 박는 대신 철판을 뜨거운 불로 용접하는 기술을 이용했다. 이 용접 기술이 발달하면서 더욱 튼튼하고 큰 배를 빠른 시간에 만들 수 있게 되었다.
석유가 발견되면서부터는 석유 가스를 연료로 쓰는 디젤 기관을 이용해 배를 움직이고 있다. 최근에는 핵연료로 움직이는 배도 등장했다.

거대한 태평양을 누빈 사람들

 "영차, 자 우리 옛날 폴리네시아 섬 사람들처럼 뗏목을 타고 페루에서 태평양 섬까지 가 보자고!"
"그런 어리석은 소리가 어디 있어? 요즘 배도 아니고 바람 불면 쉽게 뒤집힐 것 같은 뗏목으로 어떻게 태평양의 그 먼 섬까지 돌아다니냐고!"

탐험가들은 태평양의 하와이, 뉴질랜드, 타히티를 잇는 삼각형 안의 섬들에 세워진 돌 조각상과 남아메리카 연안의 페루에 있는 돌 조각상이 아주 비슷하다는 사실에 몹시 흥분했어요. 혹시 그때 이미 사람들이 배로 섬과 대륙을 오간 게 아닐까 하는 짐작 때문이었지요. 한 섬에 전해져 내려오는 전설이 그런 추측에 힘을 더 실어 주었어요. 바다 저편에서 '콘티키'라는 신이 건너왔다는 전설이었지요.

수천 년 전 사람들이 과연 뗏목 한 척으로 수천 킬로미터를 건너 서로 오갔을까요? 그게 너무나 궁금했던 탐험가들은 1947년에 직접 페루에서 자라는 '발사'라는 가볍고 튼튼한 나무로 뗏목을 만들었어요. 옛날 사람들이 배를 만들었던 것과 같은 방식이었죠. 과연 이 엉뚱한 바다 위 실험은 어떻게 되었을까요?

믿을 수 없겠지만 페루의 태양신인 '콘티키'의 이름을 따서 '콘티키 호'라고 이름 붙인 이 배를 타고 탐험가들은 101일 동안 약 8,000킬로미터를 여행하는 데 성공했어요. 우리나라에서 하와이까지 가는 거리보다도 먼 거리였어요. 옛날 사람들이 탔던 배와 거의 같은 배로 태평양의 거친 파도를 이겨 낸 거예요. 이 실험은 먼 옛날 뗏목 한 척으로 수천 킬로미터를 왔다 갔다 했다는 것을 증명하는 중요한 증거 중 하나가 되었지요.

태평양 각 섬들 사이의 거리는 여러분 상상을 초월할 만큼 멀어요. 태평양 가장 북쪽에 있는 하와이 섬에서 가장 가까운 섬까지의 거리도 3,000킬로미터가 넘는대요. 서울에서 부산까지 거리의 10배쯤 되는 거리예요. 세상에, 가장 가깝다는 거리가 이 정도면 좀 먼 편이라는 섬들은 얼마나 멀겠어요?

사방이 바다이다 보니 이곳에 사는 사람들은 오래전부터 항해술이 뛰어났어요. 그 기술을 이용해 드넓은 태평양에 퍼져 있는 수많은 다른 섬들을 발견하기도 했지요. 다시 한 번 이 지역 섬들 사이의 거리를 생각해 보세요. "폴리네시아 사람들은 용감했다!"는 감탄사가 절로 나오죠? 이 사람들은 거기서 그치지 않았어요. 배를 타고 나가서 새로운 섬을 발견했거든요. 그러면 그 섬에서 농사를 지을 생각으로 농작물의 씨를 가지러 고향 섬에 다녀왔대요.

그런데 길이 눈에 보이는 것도 아닌 망망한 바다에서 어떻게 왔던 길로 되돌아 갈 수 있었을까요? 그것은 바로 별 덕분이었어요. 옛날 사람들은 하늘의 별을 보고 방향을 찾았어요. 그러다 차츰 별의 위치를 중심으로 만든 항해 지도를 만들어 가지고 다니게 되었지요.

지중해의 바닷길은 유럽의 역사

 지중해는 예부터 많은 전쟁의 배경이 되었어요. 이곳에서 가장 먼저 이름을 날리기 시작한 민족은 고대 지중해 동쪽 해안에 살던 페니키아 인들이에요. '페니키아'라는 말은 그리스 말로 '자주색의 사람들'이란 뜻이래요. 페니키아 인들은 값비싼 자주색 염료를 만드는 기술을 가지고 있었거든요. 기원전 수천 년 전 배가 처음 만들어지던 때부터 이 사람들은 벌써 지중해를 자유롭게 오가며 자신들이 가진 기술로 만든 물건을 팔러 다녔어요. 지중해 주변에 식민 도시도 많이 건설했고요. 고대 그리스 역사책에는 페니키아 인들이 홍해를 출발하여 아프리카를 돌아 지중해를 지나 이집트로 돌아왔다는 기록도 남아 있어요. 하지만 영원할 것 같던 페니키아의 위용도 아시리아와 페르시아라는 고대 강대국 앞에서 무릎을 꿇었답니다.

이후 그리스의 도시 국가 중 하나였던 마케도니아의 젊은 왕 알렉산드로스가 힘차게 원정을 다니며 지중해 주변의 이집트, 페르시아부터 멀리 인도까지 정복해요. 그러면서 지중해의 상권을 장악하지요.

이후 이탈리아의 로마라는 작은 도시가 세력을 키워 지중해를 두고 페니키아 인들이 세운 카르타고라는 나라와 전쟁을 치르게 되었어요. 무려 세 번에 걸친 전쟁이었지요. 그 전쟁을 '포에니 전쟁'이라고 불러요. '포에니'는 페니키아를 로마 식으로 발음한 거예요. 여러분도 한 번쯤 들어 봤을 법한 한니발 장군은 카르타고의 장군으로, 로마군이 쩔쩔 맬 정도로 군대를 잘 이끌었어요. 하지만 한니발 장군이 로마를 정복하기 위해 알프스 산맥을 넘어 간 사이, 로마의 스키피오 장군이 카르타고를 전멸해 버린답니다. 이로써 120년에 걸친 기나긴 포에니 전쟁은 로마의 승리로 끝나지요.

이후 수백 년 간 지중해의 해상권은 로마가 쥐게 됩니다. 로마는 더욱 세력을 키워 가며 지중해 주변의 국가들을 식민지로 만들어요. 그래서 지중해가 마치 로마 제국의 호수 같은 모양이 된답니다.

로마 제국의 세력은 지중해뿐 아니라 대서양과 홍해까지 미쳤어요. 14~15세기 무렵 중세 유럽 사람들은 너무너무 어렵게 구했던 인도 향료를 4~5세기 쯤의 로마 제국에서는 이미 수입해 먹었다고 해요. 비단을 구하러 중국까지 다녀왔다고도 하고요.

그러다가 7세기쯤 이슬람 세력이 커지면서 지중해는 이슬람의 바다가 되었어요. 이후에는 십자군 전쟁을 거치면서 이탈리아의 도시 국가였던 베네치아가 지중해의 상권을 지배하게 되었고요. 그 다음에는 스페인과 영국, 프랑스가 지중해의 패권을 주고받아요.

지중해는 현대 유럽 문화를 탄생시킨 고대 그리스 로마 시대의 역사가 펼쳐진 역사의 중심지였어요. 그 잔잔한 물결 속에는 유럽 열강들의 세력 싸움의 장이었던, 복잡하고 지난한 역사가 담겨 있지요.

아랍과 중국, 그리고 신라의 바닷길

두 발은 내 아내의 발인데
다른 두 발은 누구의 발인고?

－「처용가」 중에서

갑자기 웬 노래냐고요? 이 노래에는 우리의 바다 무역 역사가 담겨 있답니다. 지금부터 그 얘기를 들려줄게요.

1285년, 고려 시대 일연 스님이 고조선부터 삼국까지의 역사를 담은 책 『삼국유사』에 나온 '처용'의 이야기예요. 신라 헌강왕이 지금의 울산항인 개운포로 나들이를 가서 쉬고 있는데, 글쎄 동해의 용왕이 바다에 조화를 부리는 거예요. 헌강왕은 동해 용왕을 위해 절을 지으라고 명령했지요. 이 은혜를 갚기 위해 용왕의 일곱 아들 중 한 명이 헌강왕을 따라나서 왕을 돕는 관료가 된답니다. 그 아들이 바로 처용이에요. 이 처용의 생김새는 얼굴이 붉고 눈썹이 길며 코가 크다고 묘사되어 있어요.

『삼국유사』에 실려 있는 이야기는 신화나 민담이지만 사람들은 그것들이 실제 일어난 일을 비유적으로 말하고 있다고 생각해요. 그런 면에서 보면 처용은 외국 사람이었을 가능성이 크지요.

특히 통일 신라에는 중동과 북아프리카에 사는 아랍 사람들이 많이 드나들었다고 해요. 신라가 백제, 고구려와 삼국 통일을 이룬 7~8세기 무렵에는 중국에 들렀다가 신라에 왔어요. 8세기까지는 통일 신라의 장군 장보고가 중국과 우리나라, 일본 근처의 바다를 장악하고 있었기 때문에 아랍 사람들이 직접 올 수 없었거든요. 장보고가 죽고 그 세력이 지자 9세기부터 많은 아랍 사람들이 곧바로 통일 신라의 해안에 드나들었지요.

아랍 상인들은 오래전부터 배로 6개월 정도 걸리는 중국 남부 해안에 드나들며 '번방'이라는 동네를 이루고 살았어요. 통일 신라 상인들도 '신라방'이라는 동네를 만들어 그곳에서 장사하고 신라의 물건을 팔았고요.

아랍 지역에 이슬람이 일어난 다음부터는 중국, 통일 신라와의 교역이 더욱 활발해졌어요. 그래서 8~9세기 쯤에는 이슬람 제국들과 활발하게 무역을 했던 동로마 제국의 수도 콘스탄티노플에서 유행한 유리 제품, 카펫 장식품, 말 안장이 당나라 수도 장안과 통일 신라 수도 경주에서도 함께 유행했어요.

이 무역은 고려 시대까지도 이어져요. 무역이 어찌나 활발했는지 아랍 인들이 부르던 고려에서 한국의 영문 이름인 '코리아'가 나왔지요. 당시에는 아랍 인들이 고려에 와서 아주 정착해 살기도 했어요. 이슬람 동네를 만들어 옷도 다르게 입고 종교 의식도 꼭꼭 치렀지요.

조선 시대는 어땠을까요? 1402년 조선의 세 번째 왕 태종 때 그려진 「혼일강리역대국도지도」에는 아프리카와 유럽, 아시아가 그려져 있어요. 중국이 제일 크고 그 다음으로 우리나라가 크게 그려진 다소 부정

확한 지도지요. 하지만 우리나라가 가진 바다 지식이 아주 풍부했다는 것을 알려 주기엔 부족함이 없어요. 조선 시대에는 주로 중국이나 일본과 무역을 했으니까요.

이 무렵 중국 명나라는 대대적인 원정을 떠나요. 이슬람 집안 출신의 환관 정화라는 사람이 이끄는 선단이 1405년부터 1433년까지 인도양을 탐험했어요. 명목은 사라진 명나라의 황제를 찾는다는 것이었지요. 항해 거리만 18만 킬로미터가 넘는 장거리 항해였어요. 게다가 수만 명의 사람이 60여 척의 대형 선박과 100척 정도의 작은 선박에 타고 항해를 했어요. 가장 큰 배의 길이는 150미터, 폭은 60미터나 되었지요. 이 배들에는 중국 황제가 방문할 나라의 왕들에게 줄 예물과 답례품으로 가득했어요. 정화의 배들은 인도양을 지나 동아프리카까지 다녀왔지요.

중국은 항해를 통해 자신들보다 앞선 문명이 없음을 확인하고는 다시는 해양 탐사를 하지 않았어요. 긴 항해의 결실이라고는 황제의 동물원에 타조와 얼룩말, 기린과 같은 신기한 동물을 갖다 놓은 것뿐이었지요. 그 후 중국은 '중국 안에서 모든 것을 구하고 바깥에서 구할 것이 없다'는 생각을 갖게 되었어요.

그런데 역사에서 이 시기는 아주 중요해요. 중국은 바다로 나가는 것을 포기하는 때였지만 유럽은 적극적으로 바다로 세력을 넓히기 시작한 때거든요.

유럽의 개척자들

바다를 본격적으로 탐험하기 시작한 것은 15세기 유럽 사람들이었어요. 그때까지 아시아와 유럽, 아메리카, 아프리카, 오스트레일리아는 별개의 세상이었어요. 그런데 15세기부터는 바닷길을 통해 이들 대륙을 오갈 수 있게 된 거예요.

유럽의 여러 나라들은 적극적으로 바다로 진출하기 시작했어요. 이 때문에 정확한 지도가 만들어지고 선박을 만드는 기술과 항해술이 발전했지요.

유럽 인들에게 아시아는 꿈의 세계였어요. 특히 인도는 향료와 황금, 보석, 비단이 넘치는 나라로 그려졌어요. 유럽의 여러 나라들은 영토를 넓히고 기독교를 전파하려는 욕망에, 탐험가들은 벼락부자가 되겠다는 욕심에 아시아로 가는 뱃길을 개척하기 시작했어요. 그래서 이 시기를 '대항해 시대'라고 불러요.

예수님 믿으세요!

유럽이 바다를 통해 세계 탐험을 시작한 또 다른 이유는 아시아로 가는 유일한 길목인 비단길을 이용할 수 없게 되었기 때문이에요. 중국의 비단을 로마 제국으로 가져간 길이라서 비단길이라고 하는데, 아시아와 유럽은 이 길을 드나들며 많은 물건들을 사고팔았어요.

그런데 1453년에 터키 인들이 비단길의 중요한 길목에 있는 도시 콘스탄티노플을 점령했어요. 그 결과 아시아와 유럽의 교역이 중단되었지요. 유럽의 여러 나라들은 새로운 교역로를 찾지 않으면 안 되었어요. 항해가 유일한 해답이었지요.

드디어 1497년, 포르투갈의 항해자, 바스코 다 가마가 유럽과 인도를 잇는 뱃길을 열어 주면서 유럽과 아시아 사이에는 훨씬 많은 무역이 이루지게 되었어요.

포르투갈이 해외에 많은 관심을 갖고 진출한 데에는 종교적인 이유가 가장 컸어요. 기독교 국가인 포르투갈은 이슬람교와의 싸움에서 승리한 후 기독교를 널리 전파하려고 했거든요. 물론 아시아의 향료를 직접 살 수 있는 길을 찾으려는 의도도 있었어요. 아직 알려지지 않은 세계에 대한 호기심과 모험심도 컸지요.

그리하여 바스코 다 가마는 1497년 7월에 출발하여 남아프리카의 희망봉을 돌아 다음 해 5월에 인도의 캘리컷이라는 해안에 도착하게 돼요. 그러고는 배에 인도의 상품을 싣고 1499년 9월에 무사히 포르투갈로 돌아왔어요. 네 척의 배로 남아프리카의 희망봉을 돌아 인도로 가는 항로를 개척한 거예요.

유명한 항해자로 또 콜럼버스가 있죠? 콜럼버스는 스페인 왕의 적극적인 후원에 힘입어 1492년에 산타마리아 호와 다른 두 척의 배로 인도를 향해 스페인을 출발했어요. 막상 콜럼버스는 긴 항해 끝에 인도 대신 북아메리카를 발견하고는 '신대륙' 이라고 불렀어요.

세계 일주로 유명한 스페인의 마젤란 얘기도 빼놓을 수 없지요. 마젤란은 1522년에 세계 일주를 했어요. 스페인을 출발해 대서양

바스코 다 가마는 1497년 7월에 포르투갈을 출발해 남아프리카 희망봉을 돌아 1498년 5월, 인도에 도착했다. 그리고 인도의 상품을 싣고 1499년 9월에 무사히 귀국했다.

남쪽으로 항해하여 남아메리카를 돌아 태평양을 건넜어요. 필리핀에 도착한 마젤란은 원주민과 싸우는 과정에서 죽고, 남은 선원들은 아프리카 희망봉을 돌아 항해를 계속해 스페인으로 돌아왔어요.

    콜럼버스가 신대륙을 발견하고, 마젤란이 세계 일주를 한 사실을 두고 사람들은 흔히 '지리상의 발견'이라고들 해요. 그런데 이 말은 곰곰이 생각할 필요가 있어요. '누가' '무엇을' 발견했는가의 문제니까요. 이미 신대륙에는 오래전부터 살아온 사람들이 있었어요. 원주민 입장에서는 콜럼버스나 마젤란은 낯선 침입자들이었죠. 알게 모르게 우리도 정복자의 입장에서 나온 '지리상의 발견'이란 말에 익숙해져 있는데, 원래부터 신대륙에 살던 사람들의 입장이 되어 볼 필요가 있어요.

'지리상의 발견'이란 말은 순전히 한쪽 입장!

콜럼버스의 일기 1 와! 신대륙이다

긴 항해로 신선한 과일을 먹지 못한 선원들은 잇몸에서 피가 흐르고 지루하고 두려운 마음에 지쳐 있었다.

그런데 저 멀리 육지가 보였다.

"드디어 인도구나! 이제 우린 부자야!"

선원들은 환성을 지르며 배에서 내렸다. 이내 옷을 거의 벗은 거무스름한 사람들이 다가왔다. 신기하다는 듯 우리를 보며!

콜럼버스의 일기 2 향료는 없지만!

"반항하는 사람은 가만 두지 않겠어!"

미개인들을 본 순간 난 나를 이곳에 보낸 스페인 왕을 떠올렸다. 그리고 돌아가 받게 될 엄청난 돈과 굉장한 명예도.

그런데 향료가 없다!

저건 뭐지? 거무스름한 데다 지저분하고 말도 제대로 못 알아듣는 미개한 인간들이 황금 귀고리를 하고 있네. 이들이 어딘가 황금을 숨겨 놓은 게 틀림없어! 그런데 뭐, 내놓을 게 없다고? 어서 내놓으란 말이다! 황금이 없다면 너희를 스페인 왕에게 노예로 바치기라도 해야겠어!

콜럼버스 하면 제일 먼저 떠오르는 게 아메리카 대륙을 최초로 발견한 사람이라는 사실이다. 그래서 유럽에서는 위대한 발견자로 추앙받기도 한다. 하지만 최근 뉴욕타임스가 세계 석학들에게 설문 조사한 결과 콜럼버스의 신대륙 발견이 역사상 최악의 사건 중 하나로 꼽혔다고 한다. 콜럼버스가 원주민에게 저지른 악행도 속속 밝혀지고 있다. 콜럼버스는 반항하는 원주민 여인을 말에 매달아 끌고 다니고, 원주민들을 황금을 캐내기 위한 부역에 이용했다고 한다.

　'지리상의 발견'을 이야기하는 사람들은 중요한 한 가지 사실을 잊고 있다. 콜럼버스가 신대륙, 즉 아메리카 대륙을 발견하기 전에 그 땅에 이미 사람들이 있었다는 사실을 말이다. 신대륙은 유럽 인에게는 새로운 대륙이었지만, 그 땅에는 인디언들이 수천 년에 걸쳐 자신들의 문화를 가꾸며 살고 있었던 것이다.

　결국 '지리상의 발견'이란 말의 주체는 유럽 사람들이고, 나머지 사람들, 심지어 애초에 그 땅에 살던 사람들까지 모두 소외되어 있다.

　이 문제를 알고, 생각해 보는 일은 아주 중요하다. 단순한 역사 지식이 아니라 해양을 둘러싸고 이해 다툼이 일어날 때 객관적인 해결 방향을 찾는데 매우 중요한 인식의 방법이자 그 자체가 세상을 좀 더 객관적이고 냉철한 눈으로 바라볼 수 있는 힘이기 때문이다.

　콜럼버스는 유럽 사람 중에서 최초로 아메리카 대륙에 '발을 디딘' 사람일 뿐이다.

새로운 바닷길을 찾아

이렇게 16세기가 되자 중국과 인도로 가는 길을 먼저 차지한 스페인과 포르투갈은 중국으로 가는 길목을 지키고 다른 나라들에게 길을 내주지 않았어요.

네덜란드와 영국은 유럽에서 중국으로 가는 새로운 길을 찾아야 했지요. 그래서 마침내 생각한 길이 아무도 다니지 않는 북쪽 바다였어요. 열대 바다를 항해하는 것보다는 북쪽의 추운 바다를 항해하는 것이 쉬울 거라는 기대 때문이기도 했어요. 뜨거운 열대 바다를 지날 때면 물 부족과 열대병으로 고생이 이만저만이 아니었거든요.

이 두 나라는 바렌츠라는 네덜란드 항해가에게 북쪽의 뱃길을 찾으라고 보냈어요. 바렌츠는 어렵사리 두 번의 항해를 마치고 또다시 세 번째 항해 길에 올랐어요. 그런데 북극이 가까워져 바다가 얼어붙으면서 덩달아 배가 바다에 갇히게 되었어요. 바렌츠와 선원들은 북극에서 겨울을 나야만 했지요. 하루 종일 해가 뜨지 않는 곳에서 추위와 굶주림을 견디며 버텼어요. 그러다 5월이 되어 얼음이 녹기 시작하자 선원들은 작은 배를 만들어 탈출을 시도했지요. 그러나 바렌츠는 안타깝게도 돌아오는 도중에 죽고 말았어요. 사람들은 살아 돌아온 선원들을 통해 북극 항로의 개척이 얼마나 어려운 일인가를 알게 되었지요. 한동안 북극 항로는 갈 수 없는 길로 남았어요.

남극에 가자!

이 모든 항해가 이루어지도록 아무도 좀처럼 눈길을 주지 않은 항해 길이 있었어요. 바로 남극으로 가는 길이었지요.

고대 그리스 사람들은 북쪽에 유라시아 대륙이 있듯이 남쪽에도 이와 짝을 이루는 대륙이 있을 거라는 믿음을 가졌어요.

하지만 남극 대륙으로 가는 길은 너무나 위험했어요. 빙산을 헤치고 강한 바람과 추위와 싸워야 했지요.

드디어 1773년, 영국의 제임스 쿡 선장이 남극에 가장 가까이 다가갔어요. 쿡 선장은 세계 일주를 여러 번 하면서 세계 바닷속 생물과 바닷속 지형에 대해 조사해 아주 정확한 바다 지도를 만들었어요. 그리고 1821년, 미국의 존 데이비스가 세계 최초로 남극에 발을 디뎠지요. 이후 1910년부터 1912년까지 노르웨이의 아문센과 영국의 스코트가 남극점에 가기 위해 나서기도 했어요.

이제 남극에는 우리나라의 세종 기지를 비롯한 세계 여러 나라의 연구 기지가 세워져 있어요. 엄청난 추위와 극한 환경 덕분에 지구와 우주를 연구하는 데 아주 유용한 곳이기 때문이지요.

바다에서 길을 잃다

모험심으로, 종교에 대한 열정으로, 일확천금을 노리고 항해하던 배들 중 일부는 폭풍을 만나거나 바닷속에 가라앉는 불행을 겪었어요. 난파된 배에 실린 유물들은 그 당시 사람들의 생활과 문화가 어땠는지 보여 주지요.

그래서 역사를 연구하는 학자와 탐험가들은 이러한 배들을 음파탐지기나 잠수정을 이용해 찾아내요. 그 다음에 바다 위로 끌어올려 원래 상태로 복원하지요.

제임스 캐머런 감독의 영화 「타이타닉」을 아나요?

이 영화는 첨단 과학 장비로 바닷속에 침몰한 타이타닉 호를 탐사하면서 어떤 할머니가 옛일을 회상하는 걸로 시작된 답니다. 아마 이 타이타닉 호는 '가라앉은 배' 중 가장 유명한 배일 거예요. 타이타닉 호는 길

우아, 옛사람들이 어떻게 살았는지 이제 더 분명히 알 수 있겠어!

이 270미터, 너비 28미터, 높이 30미터인 여객선이었어요. 63빌딩 높이보다도 긴 거예요. 정말 어마어마한 규모지요. 1912년 4월, 영국을 떠나 미국으로 향하던 타이타닉 호는 북극해 부근에서 빙산에 부딪혀 바다 밑으로 가라앉았어요. 배에 타고 있던 2,208명 중 무려 1,513명이나 목숨을 잃었지요.

    대서양에서 심해 잠수정 앨빈 호를 타고 해령을 발견했던 해저 탐사대에게 새로운 임무가 떨어졌어요. 바로 3,900미터 깊은 바닷속에

잠긴 타이타닉 호를 찾으라는 것이었지요.

앨빈 호는 여러 차례 컴컴하고 깊은 바다를 탐사한 끝에 1985년, 드디어 타이타닉 호를 찾아냈어요. 그리고 다음 해인 1986년에는 원격으로 조종하는 로봇을 이용해 타이타닉 호를 자세히 탐사하고 배에 있던 유물들을 건져 올렸지요. 이렇게 현대 과학 기술은 깊은 바닷속에 가라앉은 배*를 찾아내고 탐사할 수 있을 정도로 발전했어요.

가라앉은 배를 가지려는 다툼

러시아와 네덜란드는 러시아 여왕의 재산이 실려 있는 침몰한 배 '프라우 마리아 호'의 소유권을 두고 1999년부터 지금까지 다투고 있다. 이처럼 각 나라들이 가라앉은 배를 차지하려는 이유는 그 배에 실려 있는 유물들이 엄청난 가치를 지니고 있기 때문이다.

우리나라 근처 바다에서도 보물을 실은 배가 발굴되었어요. 1976년, 전라남도 신안 앞바다에서 어부의 그물에 고려 시대 청자가 걸리면서 가라앉은 배가 발견되었지요. 바로 '신안선'이에요. 신안선은 고려 말인 14세기 초 수만 점의 무역품을 싣고 중국을 출발하여 일본으로 향하던 배였어요. 이 배는 신안 앞바다에서 사고로 가라앉게 된 거예요.

신안선에는 청자와 백자, 검은 자기들이 가득했어요. 중국 땅이 아닌 곳에서 가장 많은 중국 도자기가 쏟아져 나온 거예요. 그뿐인가요? 청동으로 만든 촛대, 주전자, 거울, 동전과 같은 유물들이 바다 밑 흙 속에 숨겨져 있었어요. 이 중에는 일곱 점의 고려청자도 포함되어 있었답니다.

1983년에 전라남도 완도 앞바다에서는 고려 시대 우리나라 사람이 만든 배가 발견되었어요. 완도 근처에서 발견되었다 하여 '완도선'이라는 이름이 붙었지요. 완도선에는 3만 점 이상의 유물이 실려 있었어요. 대부분이 고려청자였지요. 그런데 어떻게 우리나라 배인 줄 알았을까요? 그것은 배 바닥이 평평했기 때문이에요. 바닥이 평평한 것이 바로 우리나라 옛날 배의 특징이거든요.

바닥이 평평한 우리나라 배

우리나라는 삼면이 바다로 둘러싸여 있다. 하지만 바다가 그렇게 깊지 않고 오히려 서해와 남해는 해안선이 복잡하고 수심이 얕으며 평탄하다.
이런 바다 환경 때문에 우리나라 사람들은 배 바닥을 평평하게 만들었다. 그래서 밀물 때 배를 해안까지 대고 썰물 내내 짐을 내리고 새로운 짐을 싣는 등 일을 한 다음, 다시 밀물 때가 되면 물에 둥둥 떠 먼 바다로 나갔다. 만약에 배 바닥이 V자 모양으로 뾰족했다면 썰물 때 배 바닥이 갯벌에 닿아 배가 옆으로 넘어져 버렸을 것이다. 또 배 바닥이 평평해서 배가 좀 더 빨리 방향을 바꿀 수 있었다.
배 앞부분도 뾰족하지 않았다. 하지만 그 아래 부분은 매끈한 유선형이라 바닷물 위를 미끄러지듯 나가는 데 좋았다.
돛은 두 개를 사용했다. 그러면 배가 나아가는 반대 방향으로 바람이 불어도 갈 지(之)자 모양으로 좌우로 움직이며 앞으로 나아갈 수 있었기 때문이다. 배 옆에서 바람이 불면 돛의 방향을 조정하여 앞으로 나아갔다.

바닷속에도 길을 만들자

바다를 향한 사람들의 탐험 이야기에서 빠질 수 없는 게 있어요. 바로 바닷속 탐험 이야기죠.

하지만 너무나 아쉽게도 아직까지 사람이 바다 깊이까지 가는 일은 매우 어려워요. 아주 튼튼한 잠수함으로도 매우 어려운 일이고요. 그래서 주로 로봇 팔과 수중 카메라 등을 장착한 무인 심해 잠수정이 사람 대신에 심해에 내려가 바다 세계를 탐험해요. 우리나라에도 6,000미터까지 잠수할 수 있는 '해미래'라는 무인 잠수정이 활약 중이에요. 해양탐사선인 '온누리호'를 모선으로 세계의 해저 지형과 광물, 생물 탐사를 하고 있지요.

세계적으로 사람이 타고 깊은 바다까지 내려갈 수 있는 유인 심해 잠수정은 아직 전 세계에 여섯 대 정도밖에 없어요. 미국과 일본, 프랑스, 중국이 각각 한 대씩 가지고 있고, 러시아가 두 대를 가지고 있어요. 이들 유인 심해 잠수정은 해저 6,500미터까지 내려갈 수 있고 중국의 유인 심해 잠수정은 7,000미터까지 내려갈 수 있어요.

그렇다면 사람은 잠수함을 타고 얼마나 깊이 내려갈 수 있을까요? 지금까지 세계 최고 잠수 기록은 1960년 미국의 잠수함 '트리에스테호'가 세웠어요. 승무원 두 명을 태운 채 필리핀 근처의 바닷속 10,883미터 아래에 있는 마리아나 해구까지 잠수했거든요. 이후로도 이 기록은 깨지지 않고 있으니 심해 잠수가 얼마나 어려운 일인지 짐작할 수 있겠죠? 그래서 바닷속은 우주처럼 미지의 공간이 아직도 많답니다.

　　육지의 자원이 고갈되어 가는 요즘, 바닷속은 새로운 꿈의 공간으로 꼽히고 있어요. 그래서 우주 비행선을 타고 가 우주정거장에 6개월~1년 정도 머무는 것처럼 바닷속에 연구소를 만들어 오래 머물고 연구도 할 수 있도록 여러 방향으로 가능성을 찾고 있답니다.

 잠수의 역사

처음에 사람들은 먹을거리를 구하기 위해 물속에 뛰어들어 해초, 전복, 진주조개 등을 캐냈다. 숨을 최대한 들이마신 다음 바닷속으로 들어가는 방법이었다.

이후, 잠수부들이 오랫동안 바닷속에서 활동할 수 있도록 잠수종이라는 기구를 만들었다. 종 모양의 통에 공기를 넣은 뒤 물속에서 사용하는 것이 잠수종이다.

1837년, 영국의 지베라는 사람이 물속에서 간편하게 공기를 공급 받을 수 있는 잠수 헬멧을 발명했다. 공기 호스를 통해 물 밖에서 헬멧에 공기를 넣어주는 방식이었다. 그리고 1943년에 프랑스의 쿠스토와 가니앙은 압축 공기를 이용한 휴대용 수중 호흡기인 애퀄렁을 발명했다.

1620년에 네덜란드 드레벨이란 사람이 최초의 잠수함을 만든 이후 이제는 더 깊은 바닷속까지 탐사할 수 있는 심해 잠수정이 만들어지고 있다.

바다 밑 자원이 발견되면 발견될수록

탐욕은 더 커지고

나라 사이에는 긴장감이 더욱 팽팽해진다.

생물 자원의 보고, 바다

옛날부터 사람들은 바다에서 조개나 물고기를 잡아 맛있게 먹었어요. 최근에는 과학이 발달하면서 이런 먹을거리 말고도 바다가 지닌 가치가 속속 드러나고 있지요.

우선 바닷물 자체가 굉장히 중요한 자원이에요. 고갈될 염려가 거의 없을 정도로 염류가 많이 들어 있지요. 염화나트륨과 같은 염류는 사람들이 살아가는 데 없어서는 안 되는 아주 소중한 자원이에요. 그뿐인가요? 바닷물에 녹아 있는 우라늄 같은 금속 원소들도 고갈될 염려가 없는 자원이지요.

그리고 바다에 사는 30만여 종의 생물들도 정말 훌륭한 자원이에요. 육지에서 기르는 소와 돼지는 방귀도 뀌고 트림도 하면서 메탄가스를 잔뜩 내뿜어요. 메탄가스는 이산화탄소처럼 지구 온난화를 앞당기는 온실가스랍니다. 놀라운 것은 쇠고기 1킬로그램을 얻을 때 생겨나는 온실가스 양이 자동차 한 대가 250킬로미터를 달릴 때 만들어 내는 온실가스 양과 똑같다는 거예요. 뿐만 아니라 세계에서 생산되는 옥수수 같은 식량 중 무려 70퍼센트가 가축의 사료로 쓰이고 있대요. 지구에는 사흘에 한 끼 먹기 어려운 사람들도 있는데 말이에요. 하지만 바다 생물들은 나고 자라고 자손을 번식하는 데 걸리는 시간도 매우 짧고 거의 오염을 일으키지 않아요. 해양 생물은 이렇게 우리 인류에게 훌륭한 식량으로서 오래 사랑 받았고, 다가올 미래에도 그렇게 해 줄 든든하고 고마운 존재들이에요.

그런데 바닷물을 이용해 살아가는 생물의 몸속에 쌓여 있는 화학 물질도 상당히 괜찮은 자원이라는 걸 알고 있나요? 멍게에는 바나듐이 많고 홍합에는 코발트가 많아요. 강철을 제련할 때 바나듐을 조금만 넣어 주면 강철이 반짝반짝 윤이 나고 유연성이 생겨 웬만한 충격에도 부러지지 않아요. 그래서 바나듐을 강철의 비타민이라고 부르기도 하지요. 자동차, 비행기, 무기 등 안 쓰이는 데를 찾기 어려울 정도예요. 심지어 당뇨병을 낫게 하는 치료제로도 각광 받고 있대요.

오징어 같은 연체동물에는 니켈이 많고, 해조류에는 요오드가 많아요. 니켈은 공기 중에서 변하지 않고 녹이 슬지 않아 도금을 할 때나 동전을 만들 때 써요. 요오드는 인체의 활동을 돕는 호르몬 성분 중 하나예요. 요오드가 부족하면 갑상선종 같은 병에 걸리기 쉽지요.

이처럼 바다 생물의 몸 그 자체에서 물질들을 추출해 사용하는 기술도 나날이 발전하고 있으니 바다는 정말이지 생물 자원의 보물 창고가 맞지요?

검은 황금, 망간 단괴

　　금은 오래전부터 아주 귀중한 보물이었어요. 처음 미국에 이주한 영국의 청교도들은 주로 동부에 살았어요. 하지만 어쩌다 서부에서 금광이 발견되자 너도나도 서부로 몰려가는 골드러시 현상이 일어났지요. 그때부터 서부에도 많은 사람들이 살기 시작했어요.

　　이처럼 사람들은 금이 있는 곳이라면 언제나 냉큼 달려갔어요. 하지만 금이 그렇게 흔한가요? 금광을 찾기란 매우 어려운 일이었지요. 제1차 세계대전이 끝난 후 독일의 프리츠 하버라는 과학자는 이 점에

착안, 기발한 생각을 해냈어요. 넓디 넓은 바닷속에 있는 금을 캐내자는 것인데, 당시 독일은 제1차 세계 대전을 일으킨 데 대한 벌금을 엄청나게 내야 하는 처지였어요. 하버는 실제로 대서양을 오가며 바닷속 금을 캐내기 위해 바다 밑 흙을 긁어냈답니다.

　　그래서 금을 얻었냐고요?

　　금을 얻기는 얻었지요. 그러나 들이는 노력이 너무나 컸어요. 금을 팔아 얻는 수입보다 캐내는 데 드는 비용이 더 커서, 한 번 그 일을 하고 난 뒤로는 더 이상 금을 캐겠다고 나설 수가 없었답니다.

3. 수송 및 제련
배로 망간 단괴를 끌어올려 육지로 운반하고 제련한다.

1. 탐사
사람을 대신해 원격 조정 무인 잠수정이 깊은 바다로 들어가 망간 단괴가 있는지 탐사한다.

2. 채광
로봇이 바다 밑바닥에 물을 뿜어 떠오른 망간 단괴를 모은다.

그런데 한참 후에 금보다 더 귀한 보물이 바닷속에서 발견되었어요. 바로 망간 단괴라는 것이에요.

망간 단괴는 깊은 해저에 있는 둥글둥글한 금속 광물 덩어리예요. 이름 앞에 '망간'이라는 말이 붙은 걸 보고 주로 망간이라는 성분으로 이루어진 보물이란 건 이미 눈치 챘겠죠? 이제부터 이게 어떻게 만들어졌는지 들려줄게요.

바닷물에는 짠맛을 내는 염화나트륨뿐만 아니라 구리, 아연 같은 다른 물질들이 많이 녹아 있어요. 그중에는 금속 성분들이 많아요. 이 금속 성분들이 가라앉으면서 평균 5,000미터 깊이의 심해저에서 만들어진 게 바로 망간 단괴예요. 손톱만큼 작은 것에서부터 수십 센티미터나 되는 덩어리까지 그 크기도 매우 다양해요. 이 덩어리에는 망간은 물론이고 구리와 니켈, 코발트와 같이 생활필수품부터 첨단 의료기기, 자동차 부품, 항공기 등을 만드는 데 없어서는 안 되는 유용한 금속 광물이 들어 있어요. 이 때문에 여러 나라들은 앞을 다투어 망간 단괴를 먼저 찾아내어 개발하려고 경쟁하고 있어요.

그래서 국제평화기구인 유엔은 바다 밑 광물 자원을 모두 '인류 공동의 유산 자원'으로 선언했어요. 그리고 망간 단괴를 찾으려는 나라는 의무적으로 두 개의 광구를 만들도록 했지요. 광구란 지하자원을 채굴하는 지역을 말해요. 광구 하나는 망간 단괴를 찾는 나라가 직접 개발하고 또 다른 광구는 유엔이 개발하여 깊은 바다를 탐험하고 채굴할 만한 돈과 기술이 없는 개발도상국에게도 기회를 주었지요.

우리나라도 미국의 배를 빌려서 1983년부터 야심차게 태평양에서 탐사 활동을 했어요. 1992년부터는 우리나라 최초의 해양조사선인 온누리호를 타고 탐사하기 시작했고요. 그래서 하와이 아래 태평양 바닷속에 남한 넓이의 약 4분의 3에 이르는 단독 개발 광구를 가지게 되었어요.

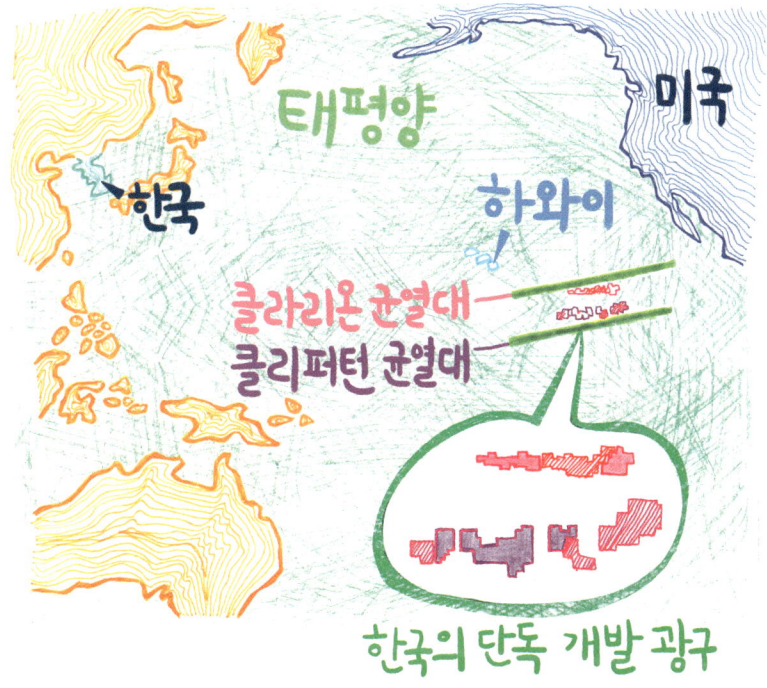

이 광구에는 최소 5억 1천만 톤의 망간 단괴가 묻혀 있어요. 매년 300만 톤을 채취해도 100년 이상이나 채취할 수 있는 엄청난 양이에요. 2000년까지 우리나라 금속 광물 자급율이 1퍼센트 미만이었던 만큼, 단독 개발 광구는 우리나라의 미래를 더욱 밝게 해 주고 있어요.

굴뚝이 보물, 열수 광상

1979년, 동태평양 갈라파고스 탐사에 나선 미국의 잠수정 앨빈 호에 탄 사람들은 자신들의 눈을 믿을 수가 없었어요. 수심 2,000미터의 깊은 바닷속에 약 20미터 높이의 굴뚝 모양을 한 암석에서 검은 바닷물이 솟아오르고 있었거든요. 그 옆에는 수많은 굴뚝들이 솟아 있었고요. 굴뚝에서 솟아오르는 검은 바닷물의 정체는 뜨거운 바닷물과 금, 은, 구리, 아연, 카드뮴 같은 금속 성분이었어요.

이 굴뚝을 '열수 광상'이라고 해요. 열수 광상은 화산 분출이 잘 일어나는 바닷속 산맥인 해령이나 바닷속 골짜기인 해구에 있어요. 열수 광상은 어떻게 만들어질까요?

바다 밑 지각에 틈이 생기면 차가운 바닷물이 그곳으로 새어 들어가 마그마가 있는 깊은 곳에 이르러요. 마그마가 있는 곳은 아주 뜨겁지요. 그래서 새어 들어간 바닷물은 400도 이상으로 뜨겁게 끓어요.

이 뜨거운 물은 주변에 있는 암석과 반응을 해요. 그러면 암석 속

에 있는 여러 금속이 녹아 나오고 녹은 금속은 액체 상태로 지각의 약한 틈을 통해 다시 밖으로 나오게 되는 거예요. 이때 나온 금속은 식어서 바다 밑에 쌓여 굴뚝 모양이 되어요. 굴뚝의 높이는 눈에 잘 띄지 않는 낮은 것부터 수십 미터까지 다양해요.

그런데 과학자들을 더욱 놀라게 한 것은 이 주변에 사는 다양한 생물들이었어요.

열수 광상 주변은 엄청나게 뜨거운 데다 깊은 바다라 압력도 엄청 높지요. 엄지 손톱 하나 크기에도 코끼리 스무 마리가 올라탄 것과 같은 압력이 가해져요. 그뿐인가요? 생물에 해로운 황화수소도 듬뿍 들어 있어요. 그런데 이런 환경에서 게와 조개, 대롱 모양을 한 벌레들이 무리지어 살고 있다니 정말 대단하죠?

열수 광상에서 솟아나는 검은 물과 열수 광상 주변의 자원에 자극을 받은 미국과 프랑스, 영국, 캐나다 같은 선진국들은 서로 앞다투어 탐사 활동을 시작했어요.

이렇게 치열한 탐사 경쟁 속에서 빛나는 우리나라의 활약을 다시 한 번 얘기하지 않을 수 없네요. 우리나라는 남태평양에 있는 섬나라 통가 주변 바다에서 열수 광상 탐사권을 갖게 되었어요. 우리나라가 탐사할 수 있는 지역은 제주도의 10배 크기나 되지요. 그곳에는 900만 톤이 넘는 열수 광상이 있다고 해요. 무려 3천억 원 이상의 가치가 있을 거래요.

드넓은 바다가 우리에게 무한한 기회를 주고 있네요.

불타는 얼음, 메탄 하이드레이트

바다에는 미래의 에너지원이 많아요. 그중에서도 메탄 하이드레이트는 과학자들의 눈을 휘둥그레지게 만든 자원이에요. 머지않아 고갈될 석유나 천연가스를 대신할 수 있으니까요. 게다가 그 양도 어마어마하대요.

메탄 하이드레이트는 천연가스와 물이 결합하여 고체가 된 물질이에요. 버석버석한 얼음 같은 모양이지요. 하지만 불을 붙이면 불꽃을 내며 타요. 그래서 보통 '불타는 얼음'이라고 불러요.

메탄 하이드레이트는 온도가 아주 낮고 압력이 매우 높아야 만들어지는 독특한 물질이에요. 그래서 일 년 내내 얼음으로 덮여 있는 알래스카나 시베리아 같은 지역의 깊은 땅속이나 깊은 바닷속에서 주로 만들어지지요. 우리나라 울릉도와 독도 부근의 차갑고 깊은 바다는 이런 조건을 갖춘 곳이에요. 그래서 일본이 더욱 독도를 탐내는 것이기도 하고요.

메탄 하이드레이트에 든 메탄은 천연가스의 주성분이기도 해요. 메탄을 태우면 이산화탄소와 물 이외에는 다른 오염 물질이 만들어지지 않아요. 배출되는 이산화탄소의 양은 석탄이나 석유에 비교하면 절반도 안 되지요. 이 때문에 메탄 하이드레이트는 미래의 청정에너지로 주목 받고 있어요.

그런데 메탄 하이드레이트를 미래의 에너지로 사용하려면 몇 가지 문제를 해결해야만 해요. 메탄 하이드레이트는 대부분 얇은 층을 이루며 넓게 퍼져 있어요. 그래서 메탄 하이드레이트를 채취하는 과정에서 바다 밑 환경이 심각하게 파괴될 수도 있어요.

또 메탄 하이드레이트를 고체 상태 그대로 채취하지 못하는 것도 큰 문제예요. 끌어올리는 과정에서 메탄 하이드레이트가 녹으면서 그 속에 갇혀 있던 메탄이 빠져 나가기 때문이지요. 메탄이 대기 중으로 퍼져 나가면 심각한 문제가 생길 수 있어요. 메탄은 이산화탄소보다 온실효과를 스물세 배나 더 크게 일으키는 온실기체거든요. 또 메탄 하이드레이트에서 많은 양의 메탄이 빠져나가 폭발하면 해저 지층이 무너지면서 지진 해일이 일어날 수도 있어요.

따라서 메탄 하이드레이트를 인류의 차세대 에너지원으로 개발하기 전에 채취 과정의 문제를 해결할 기술과 방법부터 찾아야 해요.

공해가 없는 에너지원, 바다

바닷물은 공해가 없는 에너지원이에요. 바닷물을 이용하면 전기를 만들 수 있지요. 밀물과 썰물이 일어나는 하구나 만에 댐을 만든 다음 바닷물이 드나들 때 터빈을 돌려 전기를 만들어요. 오염 물질이나 온실기체인 이산화탄소를 거의 만들어 내지 않으면서요. 이런 방법을 '조력 발전'이라고 불러요.

우리나라 서해안은 조수 간만의 차가 크기 때문에 조력 발전을 할 수 있는 좋은 조건을 갖추고 있어요. 그래서 경기도 시화호에 세계에서 제일 큰 조력 발전소를 만들고 있어요. 조수 간만의 차가 9미터나 돼서 발전소가 세워지면 50만 명이 사는 도시에 공급할 수 있을 만큼의 전기가 만들어진대요.

조력 발전 자체는 환경에 피해를 입힐 일이 거의 없지만, 조력 발전소는 좀 달라요. 조력 발전소가 들어서면서 갯벌이 사라지고, 철새와 물범처럼 멸종 위기에 처한 생물들이 살 곳을 잃는 경우가 종종 있거든요. 개발과 보존 사이에서 어떤 것을 선택할지 늘 신중하게 생각해 볼 필요가 있어요.

해안 부근의 바다나 섬과 섬 사이, 좁은 해협에서 빠르게 흐르는 바닷물도 아주 좋은 에너지원이에요. 이를 '조류'라고 하지요.

진도의 울돌목은 조류가 세찬 곳으로 유명해요. 울돌목은 '바다가 우는 길목'이라는 뜻이에요. 빠른 물길이 바위에 부딪히며 나는 소리가 매우 크기 때문에 붙여진 이름이지요. 바닷물의 빠르기가 초속 6.5미터나 되니까 소리도 그만큼 큰 거예요. 임진왜란 당시 이순신 장군은 울돌목의 빠른 조류를 이용해 일본에 큰 승리를 거두기도 했어요. 바로 명량대첩이지요.

 그런데 울돌목에 2009년 5월, 드디어 조류 발전소가 세워졌어요. 빠른 물살의 힘으로 바람개비처럼 생긴 수차를 돌려 전기를 만들지요. 시간당 1,000킬로와트의 전기를 만드는데, 400여 가구가 1년 동안 사용할 수 있는 양이에요. 조류 발전은 조력 발전처럼 댐을 건설할 필요가 없기 때문에 비용이 적게 들고 주변 환경을 많이 훼손하지 않아요. 인천의 덕적도 앞바다에도 2018년까지 세계 최대의 조류 발전 단지를 세울 계획이에요.

 이외에 파도의 힘을 이용해 전기를 만들 수도 있어요. 이를 '파력 발전'이라 하는데, 삼면이 바다인 우리나라는 이런 청정 에너지원이 상당히 풍부해요. 조류 발전으로 100만 킬로와트, 조력 발전으로 650만 킬로와트, 파력 발전으로 650만 킬로와트의 전력을 생산할 수 있답니다.

환경 훼손이 거의 없는 조류 발전소는 빠른 물살의 힘으로 바람개비처럼 생긴 수차를 돌려 전기를 만든다.

Chapter 5
바다에도 주인이 있다

독도와 이어도.

당연히 우리 것이지만 빼앗기지 않으려면

구체적이고 실증적인 준비가 필요하다.

바다의 주인이 되기 위해

옛날부터 여러 나라들은 바다를 장악하기 위해 다툼을 벌였어요. 오늘날에는 바다가 간직한 풍부한 자원들이 속속 드러나면서 다툼이 더욱 커지고 있어요. 바다를 자기 나라 영토와 마찬가지로 보고, 거기에서 나는 자원이나 그 바다에 대한 권리를 갖기 위해서지요.

어른들끼리 다투면 나라에서 누가 옳고 그른지 판단해 줘요. 그런데 나라끼리 바다를 두고 벌이는 다툼은 누가 해결해 줄까요? 바로 유엔에서 정한 유엔 해양법에 따라 국제해양법재판소가 평화적으로 해결해 준답니다.

유엔 해양법은 사람들이 바다를 어떻게 이용해야 하는지를 정해 놓은 '바다의 헌장'이에요. 모든 나라들은 유엔 해양법을 근거로 자신들의 바다 영유권을 조금이라도 넓히려고 경쟁하고 있어요. 지금부터 유엔 해양법이 말하는 영해와 나라들이 어떻게 영해를 두고 다투는지 알아보기로 해요.

깜짝 퀴즈 하나 낼까요? 서해안의 갯벌을 흙으로 메워 국토를 넓히면 우리나라 영해는 넓어질까요? 정답은 '아니요'예요.

영해는 대부분 해안에서 가장 멀리 떨어져 있는 섬을 연결했을 때 생기는 선을 기준으로 해요. 그러니 갯벌을 메워 국토를 넓혀도 영해가 넓어지는 것은 아니지요.

우리나라 영해*가 어디까지인지 궁금해지죠? 우리나라 동해안 쪽의 영해는 해안선으로부터 12해리까지예요. 1해리가 1,852미터니까 12해리면 약 22킬로미터예요. 우리나라 동해안은 해안선이 단순해서 영해를 정하는 일도 간단해요. 울릉도나 제주도처럼 큰 섬도 해안선으로부터 12해리까지가 영해랍니다.

> **영해**
>
> 유엔 해양법에서는 어떤 국가의 해안 가까이 있고, 그 국가가 관할하고 있는 해양을 영해라고 한다. 영해는 썰물 때 육지와 바다가 만나는 해안선에서 12해리까지의 해역이다.

하지만 해안선이 복잡한 서해와 남해는 영해를 정하는 기준이 달라요. 먼저 해안에서 가장 멀리 떨어진 섬들을 직선으로 이어요. 이 선이 바로 영해 기준선이 되지요. 이 선으로부터 12해리까지가 우리 영해예요. 그래서 우리 영해는 서해와 남해가 동해보다 넓어요.

그런데 우리나라는 일본과 대한 해협이라는 좁은 바다를 사이에 두고 있어요. 대한 해협에 있는 쓰시마 섬은 우리나라에서 제주도까지 거리만큼 가깝지요. 날씨가 맑은 날이면 우리나라 해안에서 쓰시마 섬을 볼 수 있을 정도니까요. 대한 해협을 사이에 두고 우리나라와 일본 사이의 거리는 23해리 정도밖에 안 돼요.

만약 두 나라가 양보하지 않고 12해리 영해를 주장하려면 적어도 24해리 이상의 공간이 있어야 해요. 뿐만 아니라 두 나라 사이에 다른 나라들이 공통으로 사용할 수 있는 바다가 없어져요. 그래서 우리나라와 일본은 각국 영해 기준선에서 3해리까지를 영해로 정했어요. 그 사이에는 어느 나라의 주권에도 속하지 않고, 모든 나라가 공통으로 사용할 수 있는 바다인 공해를 만들어 다른 나라 배들이 지나갈 수 있도록 했지요.

영해는 영해 하늘과 바닷속 자원이 모두 그 나라 것이라는 뜻이기도 해요. 그래서 어떤 나라의 영해 안으로는 다른 나라의 배가 들어가 물고기를 잡을 수 없어요. 지나갈 수는 있지만 그것도 일반 배의 경우이지, 잠수함이나 항공기는 지나가면 안 된답니다.

국제 해양법 재판소

유엔 해양법의 해석 및 운영에 관련된 분쟁을 해결하기 위해 설립된 국제사법기구이다. 해양법에 관한 유엔 협약을 기초로 하여 1995년 8월에 세워졌다. 독일의 함부르크에 있는데, 재판소장이 책임지고 운영하는 기구로, 독립적인 성격이 강하다. 재판관은 해양법 관련 나라들의 회의에서 21명을 선출하는데, 임기는 9년이며 연임이 가능하다. 재판관은 세계 각국 사람들 중 골고루 뽑는데 현재 우리나라 사람도 국제해양법재판소의 재판관으로 일하고 있다. 단 한 번의 재판으로 결론이 내려지기 때문에 분쟁 국가들로부터 재판 결과에 따르겠다는 다짐을 받아야만 재판이 진행된다. 분쟁 당사국들이 서로 합의한 상태에서 제소를 하여 재판이 이루어지는 경우도 있고, 한 국가가 일방적으로 제소했을 때 제소 당한 나라가 응하여 열리기도 한다.

맘대로 꽃게를 잡으면 큰일나요

물고기 잡는 얘기를 들으니 뭔가 떠오르지 않나요? '배타적 경제 수역'이니 뭐니 뉴스에 많이 나오잖아요. 중국 어선이 꽃게 철에 우리나라 서해안의 '배타적 어업 수역'에 들어와서 물고기를 잡아 문제가 됐다는 얘기도 들어 봤지요?

조금 어려운 말일 수도 있지만 '배타적 경제 수역'은 한 나라가 독점적으로 물고기를 잡을 수 있는 바다를 가리켜요.

그렇다면 영해와 배타적 경제 수역은 어떻게 다를까요?

영해는 한 나라의 주권이 미치는 범위예요. 배타적 경제 수역은 경제적 권리만 인정되는 곳이고요. 한 나라의 영해가 시작되는 해안선이나 영해 기준선으로부터 200해리까지가 그 나라의 배타적 경제 수역이에요. 하지만 그 나라의 허락을 받기만 하면 다른 나라 바다에 가서도 물고기를 잡을 수 있어요.

배타적 경제 수역을 정할 때 기준이 되는 것은 바로 섬이에요. 이 때문에 나라마다 다툼이 일어나고 있어요. 섬은 200해리의 배타적 경제 수역을 가질 수 있지만 암초는 배타적 경제 수역을 갖지 못하니까요. 그래서 보통 자기 나라 인근 바다에 있는 것이 섬인지 암초인지 애매할 때는 일단 섬이라고 주장하고 보는 촌극이 벌어지기도 하지요.

그런데 우리나라와 일본, 우리나라와 중국 사이의 바다는 넓지 않고 그 사이에 섬과 암초가 많아서 늘 시끌시끌하답니다.

　일본은 태평양에 있는 오키노도리시마 같은 섬을 두고는 중국과, 독도를 두고는 우리나라와 영유권 다툼을 유발하며 배타적 경제 수역을 넓히려고 하고 있어요.

　그런데, 이런 식으로 계속 다투기만 하면 어떤 일이 생기겠어요? 인근 바다를 항해하기도 어렵고 국민들이 먹을 어류를 잡을 수도 없지요. 그래서 한국, 일본, 중국 이 세 나라는 배타적 경제 수역에 대한 협정을 아직 맺지 않고, 어업 활동에 대해서만 협정을 맺었어요.

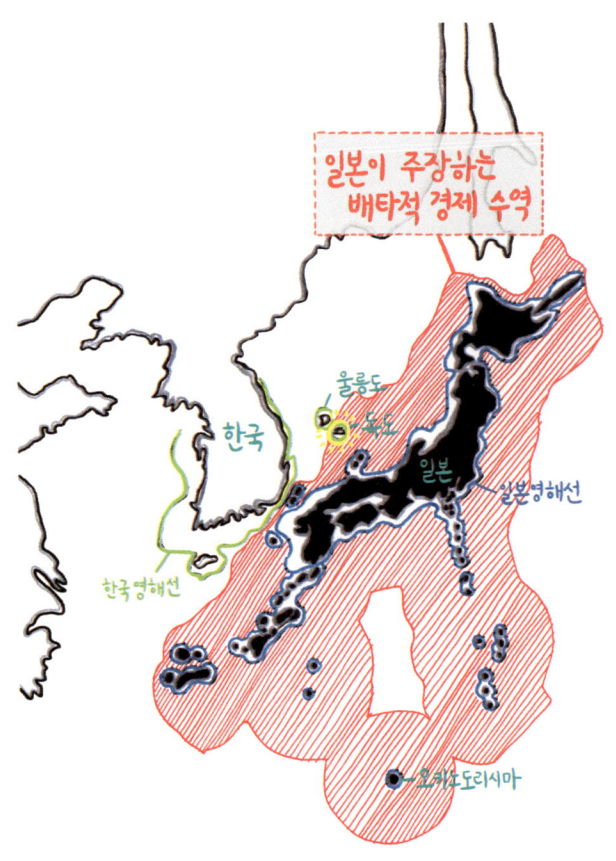

한일 어업 협정을 맺으면서 한국과 일본은 독도의 영유권 문제는 다루지 않았어요. 그 문제는 나중에 해결하기로 하고, 협정문에 독도를 지명으로 나타내지 않았지요. 단지 경도와 위도로 위치만 표시했어요. 그래서 독도가 일본과 한국이 함께 어업을 할 수 있는 중간 수역으로 둘러싸이게 됐어요.

우리나라 정부는 어업 협정에서 독도 영유권에 대해 드러내 놓고 말하면 오히려 독도의 영유권에 문제가 있다는 것을 인정하는 모양새가 될까 봐 언급을 피했다고 해요.

하지만 어업 협정 때 독도 주변 바다를 중간 수역으로 정하지 않고 일본과 우리가 약속한 배타적 어업 수역 35해리에 따라 우리의 어업 수역으로 정했다면 좋았을 거란 아쉬움이 남아요. 그랬다면 일본이 독도 영유권을 주장하는 근거가 더욱 줄어들었을 테니까요.

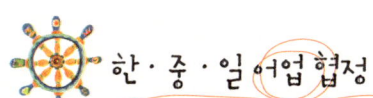
한·중·일 어업 협정

한·중·일 세 나라는 배타적 경제 수역에 대한 합의를 보지 못하자 1996년에 어업 협약을 먼저 맺었다. 한국과 일본은 연안으로부터 평균 35해리를 배타적 어업 수역으로 하고 나머지는 중간 수역으로 정했다. 중간 수역에서는 두 나라 어선이 모두 고기를 잡을 수 있다. 동해에서 우리나라의 배타적 어업 수역의 기준은 울릉도다. 물론 독도는 우리 영토라 독도 주변 12해리는 우리나라 영해이지만 독도 주변은 중간 수역이라 12해리 밖에서 다른 나라가 물고기를 잡는 것을 막을 수는 없다. 한국과 중국은 배타적 어업 수역을 각국 연안으로부터 60해리로 정하고 그 사이 바다를 잠정 조치 수역으로 합의했다. 이곳에서는 두 나라가 함께 물고기를 잡을 수 있다.

일본이 독도를 다케시마라고 주장하는 이유

일본이 뻔뻔하다 싶을 정도로 자꾸만 독도를 자기네 땅이라고 말하는 근거는 도대체 뭘까요?

1905년에 일본은 우리나라 주권을 빼앗아 갔어요. 그리고 독도를 '주인 없는 땅'이라면서 일본의 시마네 현에 편입시켰지요. 하지만 독도는 분명히 1905년 훨씬 이전인 512년부터 주인이 있는 땅이었어요. 물론 그 주인은 바로 우리죠. 1900년부터는 울릉군수가 독도를 관리했어요. '주인 없는 땅'이라는 일본의 주장이 터무니없다는 사실을 말해 주는 기록이에요.

1945년 광복이 된 다음 독도는 다시 우리 땅이 되었어요. 그런데 일본은 제2차 세계대전이 끝난 다음 1951년, 연합국과 일본이 맺은 영토 반환 목록에는 독도가 없다며 독도가 자기네 땅이라고 우겨요.

지금도 일본은 독도에 대한 권리를 국제 사회에 알리기 위해 아주 치밀하게 준비하고 있어요. 독도 남쪽과 강원도 앞바다에 위치한 해저 분지에 '쓰시마 분지'라는 이름까지 붙이면서 말이에요. 그리고 독도 부근의 바다를 일본의 배타적 경제 수역에 포함시켜 독도를 영토 분쟁 지역으로 만들려고 하지요.

당연히 대한민국 영토이지만, 이를 확실히 알지 못하는 세계 사람들한테 일본이 독도를 자기네 땅이라고 주장하는 데에는 그만한 이유가 있을 거라고 생각하게 만드는 게 우선의 목표인 거죠.

호시탐탐 독도를 노리고, 은밀하지만 구체적으로 준비에 몰두하는 일본에 대응하기 위해 지금부터 우리도 철저히 준비해야 해요.

독도가 어떤 섬이길래?

 일본이 자꾸 탐내는 독도는 어떤 섬일까요?

독도는 바다 밑 화산 폭발로 2,000미터 이상 솟아올라 만들어진 섬이에요. 그래서 독도 부근 바다의 깊이는 2,000미터가 넘어요.

남한에서 가장 높은 한라산의 높이는 1,950미터예요. 그렇다면 한라산을 독도 앞 바다에 옮겨 놓으면 어떻게 될까요? 바닷물 속으로 가라앉아 산정상인 백록담을 볼 수 없게 되겠지요.

수수께끼 하나 낼게요. 독도는 몇 개일까요? 너무 뻔한 질문이라고요? '당연히 독도는 하나!' 라고요?

아니에요, 틀렸어요. 독도는 동도라는 섬과 서도라는 섬, 두 개로 이루어져 있답니다. 하지만 아주 오랜 옛날 독도는 원래 하나의 섬이었어요. 시간이 오래오래 지나며 바닷물에 깎여 나가 두 개의 섬으로 나누어진 거예요.

독도의 해저 지형은 정말 놀라워요. 바닷물 속을 들여다보면 지름이 약 24킬로미터나 되는 커다란 탁상 모양의 해산이 독도를 떠받치고 있어요. 24킬로미터면 자동차가 시속 60킬로미터 속도로 24분 정도 달려야 하는 거리랍니다. 그러니까 독도는 정상 부분이 평평한 해산이 바닷물 위로 솟아오른 섬이에요. 게다가 독도 동쪽에는 이런 커다란 해산이 두 개 더 있어요. 독도 부근 바닷속에는 이 해산 삼 형제가 든든

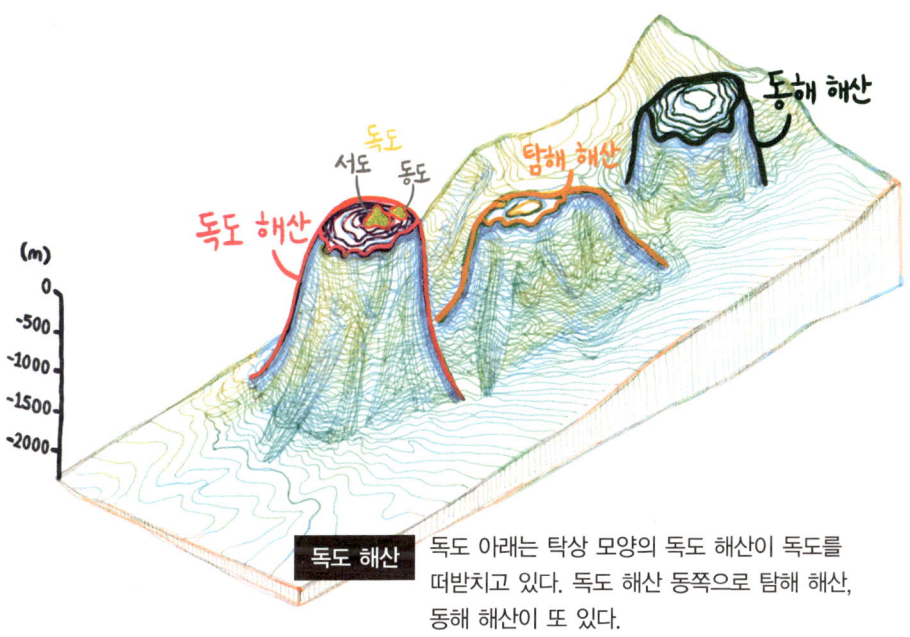

독도 해산 독도 아래는 탁상 모양의 독도 해산이 독도를 떠받치고 있다. 독도 해산 동쪽으로 탐해 해산, 동해 해산이 또 있다.

하게 자리하고 있는 거지요.

일본이 자꾸 독도를 탐내는 데에는 영해를 늘리겠다는 의도 말고도 다른 이유가 있어요. 독도 바다에는 물고기도 많고 지하자원도 풍부하거든요. 북쪽에서 내려오는 찬 북한 한류와 남쪽에서 북쪽으로 올라가는 따뜻한 쓰시마 난류가 만나는 해역이기 때문이에요.

특히 이곳에는 연어와 송어, 대구를 비롯해 명태, 꽁치, 오징어 같은 물고기가 유난히 많아요. 특히 오징어잡이 철인 겨울에는 배에 밝혀 둔 불빛이 독도 주변 바다의 밤을 화려하게 수놓곤 하지요. 우리나라에서 잡히는 오징어의 절반 이상이 이곳에서 잡혀요.

자, 그럼 저 밑 바다 아래로 더 들어가 볼까요? 독도 바다 밑에는

다시마와 미역, 소라, 전복 등과 같은 해조류와 해양 생물이 많이 살고 있어요.

최근에는 청정에너지로 사용할 수 있는 메탄 하이드레이트가 발견되었어요. 메탄 하이드레이트는 앞에서 말했듯 석유를 대신할 수 있는 자원인데, 그 양이 제법 된다고 해요. 다른 금속 자원도 풍부하게 묻혀 있고요. 일본이 역사를 왜곡하면서까지 독도 영유권을 주장하는 큰 이유지요.

독도가 우리 땅인 이유

국가 사이에 영토 분쟁이 일어날 때에는 오래전에 만들어진 지도와 책이 중요한 근거가 돼요. 국제 사회에서는 영토 분쟁을 다룰 때 어느 쪽이 먼저 그 땅을 알았는지, 어느 쪽이 실질적으로 지배하고 있었는지가 중요하거든요. 우리에게는 독도가 오래전부터 우리 땅이었다는 자료가 많아요.

 삼국 시대로 거슬러 올라가 볼까요? 그 무렵 독도는 우산도, 삼봉도 같은 여러 가지 이름으로 불렸어요. 김부식이 쓴 『삼국사기』를 보면 512년, 신라 지증왕 때 이사부 장군이 우산국을 정복한 다음부터 그 땅은 줄곧 우리 땅이었다고 해요. 우산국은 울릉도와 독도 두 개로 이루어진 고대 해상 왕국을 일컫는

『신증동국여지승람』에는 우산도의 위치가 표시되어 있다.

말이었어요. 이후『세종실록지리지』와『동국여지승람』,『숙종실록』에도 우리 땅으로 기록되어 있어요. 그리고 1531년에 만든『신증동국여지승람』에는 우산도의 위치가 표시되어 있는 지도까지 있어요. 이 지도에는 우산도가 울릉도의 안쪽에 그려져 있는데, 이는 독도가 우리 영토라는 사실을 확실하게 보여 주는 또 다른 증거예요. 또 1898년「대한여지도」와 1899년「대한전도」에도 독도가 우리나라 영토라고 분명히 표시되어 있어요.

　1693년에는 또 이런 일이 있었어요. 일본 어선이 울릉도 부근에서

고기잡이를 하자 어부 안용복이 왜 조선 바다에 들어와 마음대로 물고기를 잡냐고 따졌어요. 그리고 직접 일본으로 가서 울릉도와 독도가 조선의 영토임을 인정하게 하고 울릉도와 독도 부근에서 물고기를 잡지 않겠다는 약속을 받아 냈지요.

우리나라 지도뿐 아니라 일본과 유럽에서 만들어진 지도에도 독도는 우리 땅으로 표시되어 있어요. 프랑스 지리학자 당빌이 1737년에 그린 「조선왕국전도」, 1667년, 일본의 「은주시청합기」라는 지도에도 독도의 모습이 보여요. 반면, 19세기까지 일본 스스로 만든 지도를 죄다 뒤져도 독도가 나와 있는 지도는 없어요. 한마디로 그동안에는 독도를 자기네 땅으로 인정하지 않았다는 뜻이지요.

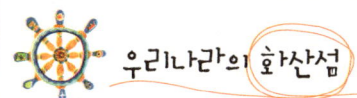

우리나라의 화산섬

울릉도와 제주도도 독도처럼 화산 분출로 만들어진 섬이다. 그런데 이 섬들은 언제 만들어졌을까? 독도는 약 450만 년 전, 울릉도는 약 250만 년 전, 제주도는 약 120만 년 전부터 만들어지기 시작했다. 재미난 사실은 크기가 가장 작은 섬인 독도가 나이는 가장 많다는 것이다.

생각발전소

어떻게 대응해야 할까요?

일본은 독도 문제를 한일 두 나라가 해결하기 어렵다고 보고 이 문제를 국제사법재판소에서 해결하려고 한다. 독도를 영토 분쟁 지역으로 만들려는 것이다. 제소를 한다는 것만으로도 일본은 손해보다 이익이 크다. 독도는 당연히 대한민국 땅이지만 세계 사람들은 독도가 일본 땅일지도 모른다는 의구심을 갖게 되기 때문이다. 그래서 우리는 독도를 한국과 일본 사이의 분쟁 지역으로 만들어 국제사법재판소에 회부되지 않도록 하는 것이 유리하다. 독도 영유권 분쟁을 일본의 일방적인 주장에서 비롯된 것 정도로 두는 쪽이 낫다는 것이다.

실제로 일본은 역사적 자료가 뒷받침해 주지 않는데도 외교력을 동원해 끊임없이 이런 식으로 독도를 국제 문제로 만들려고 한다.

그렇다 하더라도 우리가 '독도는 당연히 우리 땅이다!' 라는 주장만 하며 일본을 미워하고 화를 내고 있어서는 안 된다. 독도가 우리 땅이라는 역사적 자료를 계속 더 찾아내고, 일본의 주장이 잘못되었음을 체계적으로 설명할 수 있는 해양법학자와 국제법학자 같은 전문가를 키워야 한다. 국제 사회에서는 감정적인 행동이나 말이 아무 설득력이 없기 때문이다. 이성적인 행동과 객관적이고 역사적인 자료를 근거로 차분하게 대응해 나갈 필요가 있다. 정부 차원이 아니라 우리 개인의 힘을 모아서 할 수 있는 일도 있다는 것을 보여 주는 두 사례를 소개한다.

1. 반크의 활약

　　반크는 한국을 알고 싶어 하는 사람들에게 이메일과 웹사이트로 한국의 역사나 상식을 알려 주는 사이버 외교 사절단이다. 반크 회원은 초등학생부터 성인까지 다양하다. 큰 뜻을 가지고 시작한 사람도 있고 단순한 호기심에서 시작한 사람도 있다. 우리나라를 소개하기 위해 역사 공부를 하고 한국에 대한 여러 가지 자료를 찾다 보면 한국을 더욱 사랑하게 된다고 한다. 최근에는 독도가 우리나라 땅이라는 사실을 세계에 널리 알리는 일에 집중하고 있다. 그리고 세계 모든 지도에 한국과 일본 사이의 바다를 '일본해 SEA OF JAPAN'가 아닌 '동해 EAST SEA'로 표기하게끔 홍보하고 있다. - 반크 홈페이지 www.prkorea.com

2. 한 가수의 나라 사랑

　　2008년, 한 가수가 뉴욕타임스에 자신의 돈으로 독도가 한국 땅이라는 사실을 전면 광고해 화제가 되었다. 이 가수는 지금도 독도 연구비를 기부하고 있을 뿐 아니라 독도 홍보 사이버 사절단을 위한 콘서트를 여는 등 최선을 다해 독도를 지키고 있다. 이 가수는 '남들이 하겠지.'라고 그냥 넘길 수도 있는 문제에 대해 자기가 할 수 있는 일이 무엇인지 하나하나 생각해 내고 실천하고 있다. 여러분도 '어른들이 하겠지.', '잘난 사람이나 하는 거지.' 이렇게 생각하지 말고 각자 자신의 자리에서 할 수 있는 일을 찾아보면 어떨까?

이어도는 중국 영토이다?

이어도와 같은 암초를 둘러싸고도 가까운 나라들 사이에 다툼이 자주 일어나요.

이어도는 파랑도라고도 부르는데, 이름만 들으면 섬 같지만 사실은 섬이 아니에요. 해저에 있는 암초예요. 제주도 사람들은 어부들이 바다에서 돌아오지 않으면 어부들이 이어도로 갔다고 생각했어요. 이때 말하는 이어도는 일 년 내내 먹을거리를 걱정하지 않아도 되는, 생활이 고달플 때 편히 쉴 수 있는 상상 속의 섬이에요.

실제 이어도는 우리나라 가장 남쪽에 있는 섬인 마라도 아래에, 중국 퉁다오와 일본 도리시마 섬 사이에 있어요. 수심 4.6미터 아래에 있어서 파도가 거세게 몰아칠 때만 모습을 드러내지요.

2003년, 우리나라는 이어도에 해양 과학 기지를 만들었어요. 철제 구조물을 세워 바다 위 36미터 높이로 세웠지요. 이어도

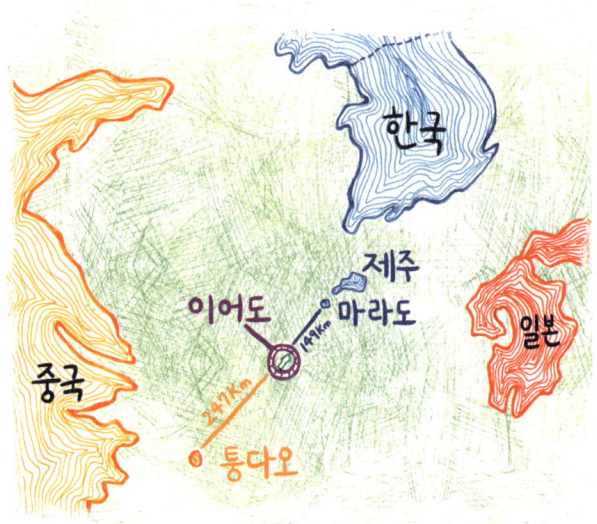

기지에는 해양 정보와 기상 환경을 조사하는 최첨단 관측 장비로 꽉 차 있어요. 이 장비들을 이용해 매일 10분 간격으로 해양과 기상 정보, 수질 관측자료, 오존 농도 등을 관측해 기상청에 자료를 보내고 있지요.

이어도 기지는 특히 태풍이 발생했을 때 큰 역할을 해요. 이어도 기지 옆을 지나는 태풍은 8~12시간이 지나면 우리나라 남해안에 상륙하거든요. 이곳에서 측정한 바닷물의 온도 변화와 바람의 세기, 태풍의 진로에 대한 정보를 통해 태풍에 대비할 수 있어요.

이어도 과학 기지는 이어도 근처 바다가 우리 것임을 알리는 역할도 하고 있어요. 하지만 중국은 이어도가 한국과 중국의 배타적 경제 수역이 겹치는 곳에 있고, 배타적 경제 수역이 확정되지 않았기 때문에 우리나라의 해양 관할권을 인정할 수 없다고 주장하고 있어요. 이어도의 중국 이름인 '쑤옌자오'가 중국의 고대 문헌에 기록되어 있고, 고대 역사책에도 중국 땅으로 기록되어 있다고 근거를 대고 있어요. 이어도는 중국보다 한국에 훨씬 가까운데도 말이에요.

그러나 중국이 이어도를 포기하지 않는 것은 경제적인 이유 때문만은 아니에요. 이어도가 일본을 군사적으로 견제할 수 있는 중요한 위치라는 점도 이유 중 하나예요.

중국과 일본의 조어도 다툼

중국과 일본도 동중국해에 있는 무인도와 암초로 이루어진 제도를 두고 영토 싸움을 하고 있어요. 서로 자기네 식으로 이름을 붙여 가지고 말이에요. 우리나라는 '조어도'라고 부르는데, 중국은 '댜오위다오 군도', 일본은 '센카쿠 열도'라고 부르지요.

1937년, 일본이 중국을 침략하며 시작된 중일 전쟁에서 결국 일본이 이겼어요. 이때 일본은 동중국해에 있는 섬들을 빼앗았지요. 그러다 제2차 세계대전에서 일본이 패망하여 물러가게 되었는데 일본은 이 섬들을 내놓지 않았어요. 그런데 얼마 후 이 섬들 부근에 묻힌 풍부한 지하자원이 발견되었어요. 그러자 1971년에 중국은 이 섬들은 자신들의 영토라고 주장하고 나섰어요. 이에 질세라 일본은 이 제도에 있는 한 섬에 등대를 세우고 자기네 지도에도 표시를 했지요.

중국과 일본은 영토 분쟁을 풀기 위해 이 제도의 춘샤오, 된차오 등 네 군데에서 석유와 천연가스를 함께 개발하기로 합의했어요. 그런데 중국과 일본의 총리가 만난 자리에서 조어도를 서로 자기네 영토라고 강하게 주장하는 바람에 모든 게 다 틀어져 버렸지요.

이처럼 한 영토를 두고 두 나라가 왈가왈부 싸우는 경우 협의가 잘 되는 것 같다가도 틀어지는 일들이 자주 일어나요. 특히 분쟁 지역 바다 밑바닥에 풍부한 지하자원이 묻혀 있을 때에는 더욱 그러하지요.

그러니 막연하게 "당연히 우리 땅이야." 하는 태도는 곤란해요. 철저한 준비와 연구로 "왜 독도가 너희 나라 땅이지?"라고 반문할 일본과 여러 나라들에 통쾌하게 대답해 줄 수 있는 논리적이고 철저한 계획이 필요하답니다.

바다일까? 호수일까?

무려 다섯 개의 나라에 둘러싸인 호수가 있어요. 바로 카스피 해예요. 러시아, 카자흐스탄, 아제르바이잔, 투르크메니스탄, 이란에 둘러싸인 카스피 해는 한반도 면적보다 훨씬 넓어요.

그런데 카스피 해를 두고 이 중 어떤 나라는 바다라고 주장하고, 또 다른 나라는 호수라고 주장해요. 왜 그럴까요? 카스피 해는 바다처럼 넓고 짠물이지만 육지로 둘러싸여 있어요.

카스피 해를 둘러싸고 있는 나라들의 입장에서는 카스피 해가 '바다냐, 호수냐'는 아주 중요해요. 그에 따라 카스피 해를 둘러싼 나라마다 얻는 이익이 다르거든요.

카스피 해를 바다라고 정하면 해안선 길이를 기준으로 영해를 정해 영해권을 주장할 수 있어요. 해안선이 긴 나라가 그만큼 영해를 많이 차지할 수 있죠. 하지만 호수라고 하면 연안국끼리 권리를 균등하게 나누어야 해요.

카스피 해를 둘러싸고 다툼이 일어난 이유는 카스피 해에 엄청난 양의 석유와 천연가스가 묻혀 있기 때문이에요. 그래서 해안선이 길거나 해안선 가까이에 석유와 천연가스가 많이 묻혀 있는 나라들은 카스피 해를 바다라고, 다른 나라는 호수라고 주장하는 거예요.

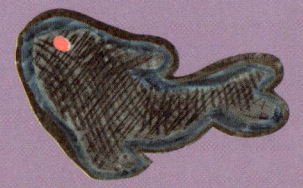

우리를 살리고 지켜 준 바다에

우리가 무슨 짓을 한 거지?

바다의 신음 소리

2010년 8월 10일 날씨 ☀

바닷가에 온 지 이틀째다!
동생 찬이와 바닷물에 들어가 비치볼을 가지고 놀았다.
그런데 파도가 확 치는 바람에 공을 놓쳐 버렸다.
파도에 떠밀려 멀리멀리 떠가는 비치볼!
지난번에는 슬리퍼 한 짝을 잃어버렸는데…….
비치볼을 잃어버리니 재미도 없고 속이 상해서 바닷가로 나왔다.
그런데 엄마가 내가 좋아하는 아이스크림을 내미셨다!
속상한 마음은 날아가고 금세 마음이 시원해졌다.

-찬수의 일기 끝!

혹시 여러분도 이런 경험이 있나요? 비치볼을 놓치거나, 바닷가에서 무더위를 이기기 위해 먹은 아이스크림 비닐을 무심코 버리는, 그런 일 말이에요.

하지만 우리가 아무렇지 않게 버린 비치볼이나 비닐봉지가 바다 생물들한테는 아주 치명적인 위협이 된답니다. 한번은 태평양을 지나던 심해해저 탐사대가 가까이 온 상어 한 마리를 건져 올렸는데, 죽은 상어의 배를 갈라 보니 우리나라의 라면 봉지가 들어 있었대요. 또 이런 비닐봉지가 바다에 떠다니면 해파리를 좋아하는 바다거북이 비닐봉지를 해파리로 착각하고 덥석 삼키기도 해요. 물 위에 둥둥 떠 있는 스티로폼을 먹이인 줄 알고 먹기도 하고요. 그러면 바다거북은 소화 기관이 막혀 죽거나 잠수를 못해 먹이를 못 먹어 굶어 죽게 돼요.

요즘 바다에 버려지는 쓰레기를 보면 대부분 플라스틱과 유리, 철 같은 거예요. 썩어 없어지는 데 아주 오랜 시간이 걸려서 바다를 심각하게 오염시키는 주범들로 꼽히지요. 알루미늄 캔은 썩어 없어지는 데 수백 년이 걸려요. 어부들이 그물에 잘 사용하는 플라스틱 제품들도 마찬가지고요.

그렇다면 썩어 없어지기 전 오랫동안 이 쓰레기들은 어디에 있게 될까요? 무거운 쓰레기는 바다 밑에 가라앉지만 대부분의 비닐이나 플라스틱처럼 가벼운 쓰레기들은 바다 위를 둥둥 떠다녀요.

충격적인 사실은 이 쓰레기들이 해류를 따라 떠다니다가 해류가 느려지는 곳에 모여 섬을 이룬다는 거예요. 바다 위에 벌써 이런 섬이 몇 개나 된다고 해요.

그중 하나는 환태평양 지대의 해류를 따라 떠다니다가 해류가 모이는 적도 부근에 만들어진 쓰레기 섬이에요. 1997년에 한 어부가 발견했는데, 이후 2009년 몬테리오니라는 해양 과학자가 다시 찾았을 때는 이 쓰레기 섬의 크기가 2배가 되어 있더래요. 몬테리오니가 조사해 보니 이 쓰레기들은 플랑크톤과 뭉쳐 마치 죽과 같은 상태였어요. 그리고 살충제, 유독성 플라스틱 등은 주변 생태계를 심각하게 손상시켜 그 근처에 사는 주민들 역시 피해를 입었고요.

사람들이 일부러 바다에 버리지 않아도 육지에서 쓰고 난 오염 물질이 바다에 흘러들어 바다를 오염시키기도 해요.

집에서 음식을 만들고, 설거지하며 쓰고 난 물이나 공장에서 사용하고 버리는 폐수도 강물을 따라 결국 바다로 흘러 들어가요. 농사를 지으며 쓴 비료와 농약도, 자욱하게 날리던 먼지도 빗물에 씻겨 바다로 가지요.

육지의 오염 물질이 바다에 흘러들면 질소와 인 같은 영양염류가 크게 늘어나요. 영양염류는 식물 플랑크톤이나 바닷말의 몸체를 구성하는 성분이에요. 여기에 수온까지 높아지고 햇빛이 강하게 내리쬐면 플랑크톤이 갑자기 엄청나게 늘면서 바닷물이 붉게 변하는 적조 현상이 발생해요.

적조를 일으키는 생물 중에는 독성을 갖고 있는 것이 있어요. 물고기와 조개가 바닷물을 빨아들이면서 이 생물들을 먹으면 죽음을 맞이하게 되지요. 그리고 적조 생물들은 한순간에 죽어서 바다 밑바닥에 가라앉는데, 이는 바다 생물에게 무척 치명적이에요. 이들이 썩으면 바닷물 속에 포함되어 있는 산소가 부족해지면서 바다 밑에 살던 조개들이 죽고 말거든요.

우리가 아무렇지 않게 자기 편한대로 한 행동이 바다 생태계를 파괴하고 결국 인류의 안전도 보장할 수 없게 한다는 것, 꼭 기억하세요!

 인류가 버린 가장 심각한 쓰레기, 원자력 콘크리트

원자력으로 전기를 얻는 원자력 발전소가 점차 늘고 있는 추세다. 원자력 발전 과정에서는 이산화탄소나 다른 오염 물질이 발생하지 않고 일단 설비를 지어 놓으면 비용도 적게 들기 때문이다. 그러나 문제는 원자력 발전을 하고 난 뒤의 폐기물이다. 이 폐기물에는 방사능이 있어 여기에 노출된 생물은 죽거나 병들게 된다. 그래서 이 방사능 폐기물은 콘크리트에 싸서 굳힌 다음 정해진 장소에 묻거나 바다에 버린다. 과학자들은 좀 더 안전한 처리법을 찾기 위해 연구에 매진하고 있다.

푸른 바다가 검은 바다로

1989년 3월, 미국 알래스카에서 대형 유조선 '엑손 발데스 호'가 암초에 부딪치며 3만 6천 톤의 기름이 바다로 흘러나온 사고가 일어났어요. 이때 흘러나온 기름이 한 달 만에 바다 2,000킬로미터를 오염시키는 바람에 바닷새 3만 6천 마리와 해달 1,000마리가 죽었어요. 그 많던 청어와 연어도 크게 줄었지요.

우리나라 해안에서도 기름 오염이 몇 번 발생했어요. 그중에서 2007년 12월에 충청남도 태안 앞바다에서 일어난 '허베이 스트리트 호'의 기름 유출은 엄청난 환경 재앙이었어요. 무려 1만 톤이 넘는 원유가 바다로 흘러나와 태안 주변의 수많은 생물과 어민들은 기름이 제거되기 전 몇 개월이나 고통에 시달렸답니다. 환경부는 3년이 지나야 해조류, 갯지렁이처럼 바위에 붙어사는 생물이 다시 나타나고, 5년 이상 지나야 조개류가 보일 거라고 발표했어요. 적어도 10년은 지나야 비로소 모든 생물이 예전처럼 살기 시작할 거래요.

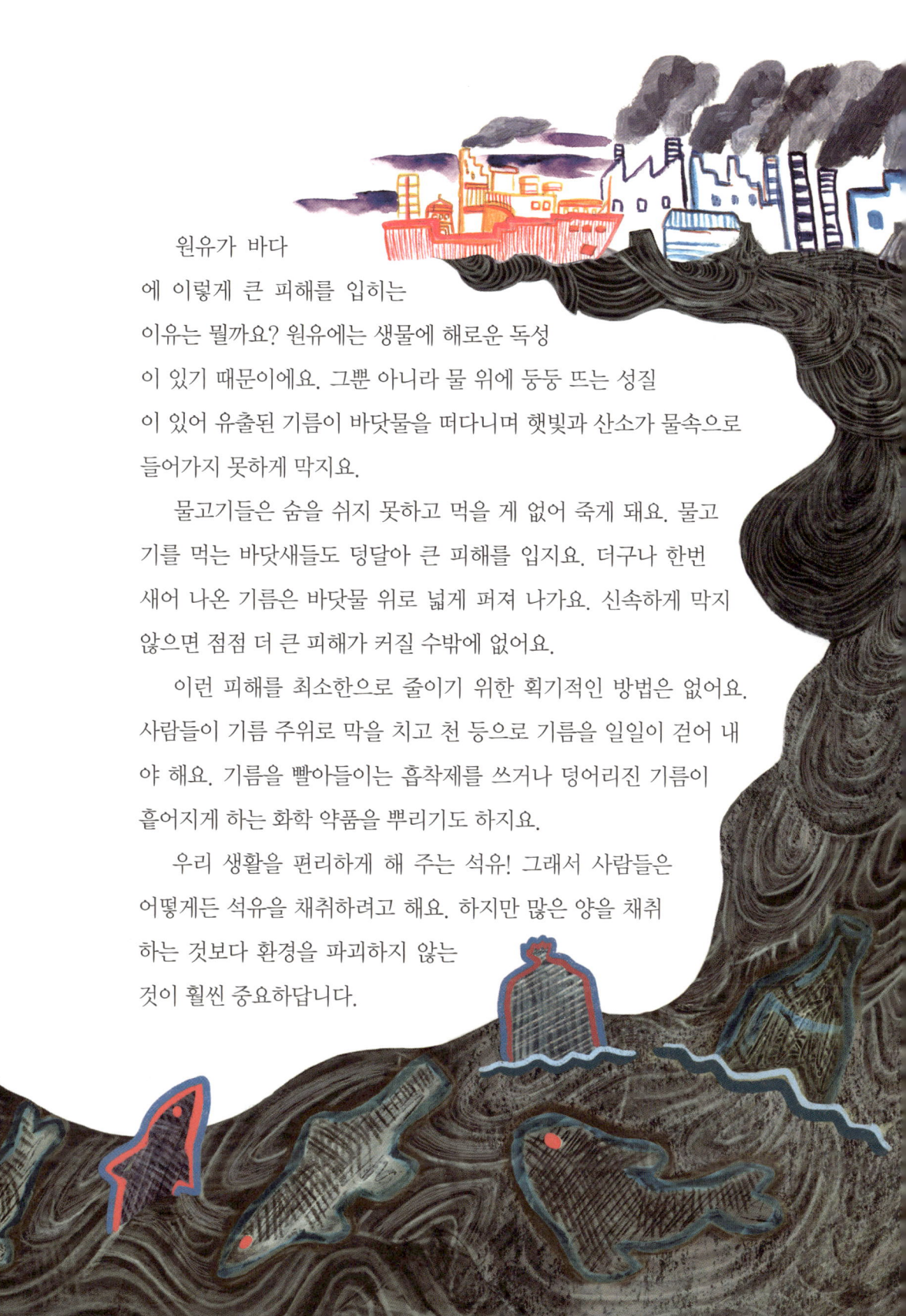

　원유가 바다에 이렇게 큰 피해를 입히는 이유는 뭘까요? 원유에는 생물에 해로운 독성이 있기 때문이에요. 그뿐 아니라 물 위에 둥둥 뜨는 성질이 있어 유출된 기름이 바닷물을 떠다니며 햇빛과 산소가 물속으로 들어가지 못하게 막지요.

　물고기들은 숨을 쉬지 못하고 먹을 게 없어 죽게 돼요. 물고기를 먹는 바닷새들도 덩달아 큰 피해를 입지요. 더구나 한번 새어 나온 기름은 바닷물 위로 넓게 퍼져 나가요. 신속하게 막지 않으면 점점 더 큰 피해가 커질 수밖에 없어요.

　이런 피해를 최소한으로 줄이기 위한 획기적인 방법은 없어요. 사람들이 기름 주위로 막을 치고 천 등으로 기름을 일일이 걷어 내야 해요. 기름을 빨아들이는 흡착제를 쓰거나 덩어리진 기름이 흩어지게 하는 화학 약품을 뿌리기도 하지요.

　우리 생활을 편리하게 해 주는 석유! 그래서 사람들은 어떻게든 석유을 채취하려고 해요. 하지만 많은 양을 채취하는 것보다 환경을 파괴하지 않는 것이 훨씬 중요하답니다.

갯벌이 사라지고 있어요

바다에 오염 물질이 스며들지 않도록 오염 물질을 깨끗하게 정화해 주는 곳이 있어요. 바로 질척하고 끈끈한 갯벌이에요. 갯벌에 사는 수많은 미생물들이 육지에서 들어오는 오염 물질을 분해해 주지요. 갯벌은 바다와 생물, 그리고 사람에게까지 정말로 고마운 존재랍니다.

갯벌은 다양한 바다 생물들이 알을 낳고, 어린 생물들이 자라나는 아늑한 고향이기도 해요. 갯지렁이, 바지락, 백합, 맛, 동죽, 게, 낙지 등 아주 많은 생물들이 있지요. 그래서 물고기와 바닷새도 먹이를 잡으러 와요. 먹이가 풍부하고 공간이 넓기 때문에 추운 지방에서 따뜻한 지방으로 이동하는 철새들에게는 잠깐 쉬었다 가기에 좋은 장소고요. 우리나라 갯벌에도 노랑부리백로 같은 희귀한 새들이 찾아오고 있어요. 주로 서해안에 있는 이 갯벌은 북해 연안, 캐나다 동부 해안, 미국 미시시피 강 하구, 남아메리카 아마존 강 하구에 있는 갯벌과 함께 세계 5대 갯벌로 꼽힐 정도로 원래 모습이 그대로 잘 보존되어 있답니다.

그런데 사람들이 갯벌을 흙으로 메워 공장을 짓고, 농사를 지어 돈을 더 벌겠다고 나서고 있어요. 정부도 국토를 늘리기 위해 간척 사업을 진행하고 있고요.

우리나라에도 천혜의 갯벌인 새만금에 간척 사업이 진행되고 있다. 과연 우리는 경제적 이익과 갯벌의 보존 중 어떤 가치를 우위에 두어야 할까?

규모가 가장 큰 것은 새만금 간척 사업이에요. 전라북도 서해안에 있는 군산과 김제, 부안 앞바다를 연결하는 바닷가 둑, 즉 방조제를 만들어 갯벌과 바다를 땅으로 만드는 큰 사업이에요.

새만금 사업을 찬성하는 사람들은 간척 사업을 하면 여러 가지 좋은 점들이 있다고 말해요.

"우리나라 국토가 넓어져 벼뿐만 아니라 다양한 작물을 더 많이 기를 수 있어 좋아요. 그리고 물을 많이 저장할 수 있어 미래의 물 부족 현상에 대비할 수도 있지요. 비가 많이 내려 홍수 위기가 와도 주변 농지나 마을이 물에 잠기는 걸 막을 수 있고, 관광지로 개발해 돈을 많이 벌 수도 있어요."

하지만 새만금 사업에 반대하는 사람들은 우리나라 전체 갯벌의 약 10퍼센트나 차지하는 새만금 갯벌이 가진 중요한 역할에 대해서 말해요.

"새만금 간척 사업이 그대로 진행되면 수많은 바다 생물들이 살 집을 잃게 돼요. 철새들도 더 이상 새만금을 찾지 않겠지요. 육지에서 오염 물질이 들어와도 정화할 능력이 없어 환경 오염이 심해질 거예요. 그리고 갯벌에서 평생 어업만 하던 사람들은 앞으로 무얼 하며 먹고 사나요?"

분명한 것은 우리 자신 역시 자연의 일부이고, 우리는 자연 없이는 살 수 없는 존재라는 거예요. 한번 파괴된 자연은 원래의 모습으로 되돌리는 것이 거의 불가능하답니다.

해수면이 높아지고 있어요

바다가 맞닥뜨린 또 다른 위기를 보여 주는 나라가 있어요. 바로 남태평양의 투발루 공화국이에요. 이 나라는 아홉 개의 섬으로 이루어져 있는데, 해수면이 자꾸 높아져서 나라 전체가 바닷물 속으로 가라앉을 위기예요. 투발루 섬들의 높이는 평균 3미터로 이미 두 개는 바다 아래로 가라앉아 버렸어요. 수도인 푸나푸티 섬은 투발루에서 가장 높은 지역인데 이곳의 높이도 5미터에 지나지 않아요.

그나마 안전했던 푸나푸티도 바닷물이 지표면 바로 아래까지 스며들어와 농사를 지을 수도 없고, 지하수도 짜서 마실 수 없게 되었어요. 파도가 높이 치고 비가 많이 내리는 날이면 섬 대부분이 물에 잠기는 바람에 투발루 사람들의 생활은 엉망이 되곤 해요. 이 모든 일들은 지구의 온도가 올라가면서 일어난 일이에요.

2005년 인공위성에서 찍은 북극의 얼음 사진과 1979년에 같은 지역을 찍은 사진을 비교해 보세요. 얼음의 넓이가 줄어든 것을 금방 알 수 있어요. 1978년부터 2000년까지 북극해 얼음의 평균 면적은 700만 제곱킬로미터였지만 2005년의 면적은 535제곱킬로미터가 되었어요. 얼음 면적을 기록하기 시작한 1978년 이후 가장 적은 면적이에요.

얼음의 두께도 얇아지고 있어요. 북극에 있는 거대한 얼음 덩어리들은 바다 위에 떠 있어요. 그래서 잠수함을 이용하면 그 얼음 아래를 여행할 수 있지요. 인공위성과 잠수함을 이용해 북극해에 떠 있는 얼음의 두께를 수십 년 동안 측정한 결과가 공개되자 모두 깜짝 놀랐어요. 예상보다 훨씬 빠르게 얼음의 두께가 얇아지고 있었거든요.

바다에 떠 있는 얼음이 녹을수록 그린란드나 남극 육지에 있는 빙하도 더 빨리 녹아요. 왜 그럴까요? 얼음은 햇빛의 90퍼센트를 반사시키지만 물은 10퍼센트 정도만 반사시키기 때문이에요. 바다 위에 있던 얼음이 사라지면 바다가 더 많은 햇빛을 흡수해 바닷물의 온도가 높아지고 그러면 육지의 빙하가 더욱 빨리 녹아요.

빙하가 녹아 바다로 흘러 들어가면 해수면이 높아져요. 게다가 바닷물의 온도가 올라가면 바닷물의 부피가 팽창해 해수면이 더 상승해요. 해수면이 높아질수록 더 많은 빙하가 바다로 녹아들어 가지요. 이런 과정이 계속 진행되면 어떤 일이 벌어질까요?

과학자들은 그린란드의 빙하가 모두 녹으면 지구 전체 해수면이 7미터 정도 올라갈 거라고 말해요. 해수면이 7미터 정도 올라갔을 때 대륙의 3퍼센트 정도는 실제로 바닷물 속에 잠길 거예요. 3퍼센트가 얼마 안 된다고요? 하지만 인천, 부산, 상하이, 뉴욕, 시드니 등 대부분의 대도시들이 바닷가에 있고, 해안선 부근에 전체 인류의 3분의 1이 살고 있다는 사실을 생각해 보세요. 해수면이 높아졌을 때 생길 재앙은 상상할 수 없을 정도로 크지요.

그린란드의 빙하가 모두 녹으면 해수면이 7미터 정도 올라간다고 한다.
그러면 대륙의 3퍼센트 정도가 물에 잠기게 된다.
그때의 재앙은 상상할 수 없을 정도로 크다!

바다 생태계의 변화

바닷물의 온도가 올라가면서 세계 바닷속 생태계에도 문제가 생기고 있어요. 특히 바다 환경에 예민한 전 세계의 산호초는 급속히 죽어 가고 있어요.

산호는 식물처럼 한곳에 붙어살지만 사실은 동물이에요. 산호초는 생긴 모양이 복잡해 많은 물고기들이 산호초를 집처럼 생각하고 숨어 살지요. 그중 인도양과 태평양의 열대 바다에는 산호초로 둘러싸인 섬들이 많아요. 산호초가 지구 전체에서 차지하는 면적은 1퍼센트도 되지 않지만 해양 생물의 약 25퍼센트가 이곳에서 살고 있을 정도예요. 산호초는 물고기들에겐 거대한 수중 도시인 셈이에요.

그런데 비교적 최근에 산호초가 있는 100여 개 나라 가운데 90개가 넘는 나라에서 산호초가 사라지고 있어요. 이미 세계 산호초의 약 30퍼센트가 회복이 불가능할 정도로 훼손되었고요. 바닷물의 온도가 1~2도 정도만 높아져도 산호는 하얗게 변하면서 죽거든요. 이런 현상을 '백화 현상'이라고 해요.

이제 집을 잃은 물고기들은 어떻게 될까요? 모든 생명체의 고향인 바다에서 생명체가 죽어 간다는 것은 바다의 엄청난 비극이에요. 그래도 여전히 나랑은 너무 먼 이야기 같다고요?

바다 생태계의 변화는 우리나라 연안에서도 일어나고 있어요. 최근에 우리나라 바닷가에 상어들이 자주 나타나는 게 그 증거예요. 상어는 열대성 어류라 주로 열대 지방 바다에 살아요. 우리나라 바닷물의 온도가 높아지니까 상어가 동해와 서해까지 올라오고 있어요.

이 사실만으로도 놀라운데 더 놀라운 사실이 있어요. 우리나라 주변 바다의 온도와 해수면이 지구 전체 바다보다 1.5~2배 정도 더 빠르게 오르고 있다는 사실이에요.

최근 20년 동안 지구 전체 바다의 수온은 1년에 평균 0.04도, 해수면은 3.1밀리미터 정도 올라갔어요. 그런데 동해 바닷물의 평균 수온은 1985년 이후 1년에 평균 0.06도나 올라가고 있어요. 그리고 우리나라 주변 바다의 해수면은 1993년 이후 1년에 평균 6.4밀리미터씩 높아지고 있고요. 지구 온난화 현상은 결코 투발루라는 나라나 북극 어느 한 지역의 이야기가 아니라 바로 우리의 이야기랍니다!

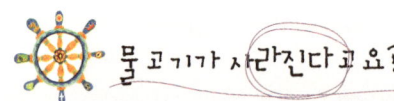

물고기가 사라진다고요?

큰 물고기는 작은 물고기를 먹고 작은 물고기는 아주 작은 플랑크톤을 먹고 산다. 그런데 최근 60년 동안 식물 플랑크톤이 무려 40퍼센트나 사라졌다는 연구 결과가 나와 충격을 주고 있다. 주범은 지구 온난화! 바닷물 온도가 점차 올라가면서 얕은 바다와 깊은 바다의 물이 제대로 섞이지 않아 무기질 공급이 이루어지지 않자, 식물성 플랑크톤이 광합성을 제대로 하지 못해 죽어 간다는 것이다. 이대로면 물고기가 사라질지도 모르며, 식물성 플랑크톤이 광합성으로 내뿜어 주던 산소가 줄어 환경이 악화될 것이다.

지구 온난화의 주범

아주 오랜 옛날부터 지구의 온도는 지금보다 높기도 하고 낮기도 했어요. 태양의 밝기나 지구와 태양 사이의 거리 변화, 화산 활동이 지구 온도 변화를 일으키는 주요 원인이었지요. 그런데 지금 나타나는 지구의 온도 변화는 원인이 달라요. 바로 인류가 주범이거든요.

인류는 다른 생물과 달리 과학 기술로 자연을 이용하며 살아왔어요. 인류의 문명은 화석 연료를 사용하면서 급격하게 번창했어요. 19세기 중엽 산업 혁명이 시작되면서 석탄, 석유, 천연 가스 같은 화석 연료의 사용량이 급격히 늘어나기 시작했지요.

화석 연료를 태우면 이산화탄소가 나왔고, 아무런 제약 없이 마구 공기 중으로 내뿜어졌어요. 이와 동시에 사람들은 새로운 건물을 짓고, 길을 내고 식용 소를 키울 목장을 만드느라 울창한 숲을 마구 베어 냈어요. 그 바람에 식물들이 광합성을 하기 위해 흡수하던 이산화탄소의 양도 급격히 줄어들었지요. 그 결과 지구의 온도는 점점 올라가고 있고요.

● 지구의 이산화탄소 증가량과 평균 온도 변화 ●

그렇다면 이산화탄소와 지구 온난화가 어떤 상관이 있는 걸까요?

지구를 둘러싸고 있는 대기는 지구의 담요나 이불 같은 역할을 해요. 태양으로부터 지구로 들어오는 태양열은 통과시키고 지구가 내보내는 열의 일부는 흡수하지요. 대기는 흡수한 열을 다시 지표면으로 돌려보내기 때문에 지표면의 온도가 올라가게 되지요.

이렇게 지구 온도가 올라가는 효과를 '온실효과'라고 불러요. 온실효과를 일으키는 기체로는 수증기, 이산화탄소, 메탄, 오존, 산화질소가 있지요. 지구가 여러 종류의 생물체가 살기에 적당한 온도가 된 것은 온실효과 덕분이에요.

그런데 온실효과에 이상이 생기기 시작했어요. 공기 중에 쌓이는 이산화탄소의 양이 늘어나면서 지구의 온도가 점점 올라간 거죠. 자연적인 온실효과의 균형이 깨진 거예요.

지구 온도가 지나치게 올라가자 세계 여러 나라들은 이산화탄소 배출량을 줄이고 각국마다 이산화탄소 배출량을 정해 마구잡이로 개발하지 말자고 약속을 하기에 이르렀답니다.

온실 기체를 줄이자는 약속, 기후 변화 협약

"이렇게 지구가 뜨거워지다가는 지구에 심각한 기후 재앙이 올 거예요. 우리 힘을 합쳐 지구 온난화의 주범인 온실기체를 줄입시다!"

1992년, 세계 여러 나라 대표가 브라질의 수도 리우데자네이루에 모였다. 지구 온난화가 계속되면 환경 파괴와 기후 변화가 심각해질 것이기 때문이다. 이런 위기감 때문에 사람들은 '기후 변화 협약'을 맺고 온실 기체 배출량을 1990년 정도로 되돌리자고 약속했다. 우리나라도 1993년에 이 협약에 가입했다. 지금은 192개 나라가 가입한 상태이다.

하지만 점점 더 더워지는 지구에는 좀 더 구체적인 실천 방법이 필요해졌다. 그래서 1997년, '기후 변화 협약'에 가입한 나라 대표들이 일본 교토에 모여 온실 기체를 줄이기 위한 실천 사항을 문서로 만들었다. 이 문서를 '교토 의정서'라고 한다.

교토 의정서에 따르면 협약에 가입한 모든 나라가 의무적으로 온실 기체를 줄이기 위한 계획을 세워 실천하고, 그 결과를 보고해야 한다. 특히 이산화탄소 배출에 큰 책임이 있는 선진국들은 2008년부터 2012년까지 이산화탄소 배출량을 1990년의 배출량보다 5.2퍼센트 정도 줄이기로 협의했다. 그리고 개발도상국들은 다음 협상을 통해 배출량을 정하기로 했다.

2009년, 국제에너지기구의 발표에 따르면 우리나라는 이산화탄소 배출량이 4억8천 톤으로 세계 9위를 차지하고 있다고 한다. 2013년 이후부터는 우리나라도 이산화탄소 배출량을 꽤 많이 줄여야 한다. 그러려면 개인들도 일상 생활 속에서 모두 이산화탄소 배출량을 줄일 방법을 찾고 실천해야 한다.

우리나라뿐 아니라 석탄과 석유, 자동차 산업같이 화석 연료를 많이 사용하는 기업이나 국가는 이 의정서 때문에 자신들의 이익이 줄어들까 한편으로는 걱정하고 있다. 그래서 경제를 발전시켜 부를 쌓으면 가난한 나라를 도와줄 수 있고 지구의 온도가 높아져도 잘 대응할 수 있다고 주장하기도 한다.

하지만 지구 온난화를 이겨 내기 위해서는 무엇보다 생활의 작은 불편을 받아들이고 다음 세대의 삶을 걱정하는 마음이 중요하다. 환경 문제에 관심을 가지면서, 모든 나라가 지구 온난화 문제 해결을 위한 협의를 계속해 나간다면 지구 온난화 문제는 인류의 힘으로 현명하게 해결할 수 있다.

생명력 넘치는 푸른 바다를 위해

지구에 바다가 만들어지고, 수많은 생물들이 등장하고 사라지는 과정에서 인류도 지구의 한자리를 톡톡히 차지했어요. 우리 인류는 바다에서 많은 먹을거리를 얻어 생활했어요. 기술이 발달하면서부터는 배를 만들고 바닷길에 나서서 문화와 문명을 교류하기 시작했고요. 먼 바다로 진출하여 바다에 새로운 질서를 세우기도 했고 유럽과 아시아 사이에 뱃길을 연 유럽 사람들은 향료나 차 등을 독점으로 무역해서 많은 이익을 얻기도 했지요.

바다는 우리의 희망!

요즘에는 바다에서 산업 발전에 필요한 에너지와 광물을 얻으려는 경쟁이 점점 치열해지고 있어요. 육지에서 석유, 천연가스 같은 화석 연료나 산업 활동에 필요한 광물이 점차 고갈되고 있기 때문이에요. 그래서 넓은 바다의 조그만 암초 하나조차도 엄청난 의미를 갖게 되었어요. 예전에는 항해를 위협하는 방해물일 뿐이었는데 말이에요.

산업이 발달하면서 푸른 바다는 검은 기름으로 덮이기도 하고, 오염 물질과 쓰레기로 몸살을 앓고 있어요. 갯벌을 개발하면서 바닷가 생태계가 파괴되고, 온실기체가 증가해 바닷물의 온도가 올라가고, 해

수면이 높아졌어요. 또 북극해의 얼음은 사라지고 있고요.

바다는 38억 년이라는 오랜 세월 동안 지구와 함께했어요. 바다의 나이를 24시간으로 나타내면 인류가 배를 타고 바다에 등장한 때는 자정을 1초도 남겨 두지 않은 시각이에요. 하루 중 1초도 되지 않은 짧은 시간에 지금까지 살펴본 모든 일이 일어난 거예요.

인류는 역사와 문화를 만들고, 또 그것들은 돌아볼 수 있는 힘도 있는 존재예요. 자연의 원리를 이해하는 능력도 있고, 자연의 변화에 겸손할 줄도 알아요. 또 자연이 주는 온갖 혜택에 감사할 줄도 알고요. 그렇다면 다음 세대를 생각하여 좀 더 합리적인 바다의 질서를 새로 만들 수 있는 힘도 갖고 있지 않을까요?